essentials

essentials liefern aktuelles Wissen in konzentrierter Form. Die Essenz dessen, worauf es als „State-of-the-Art" in der gegenwärtigen Fachdiskussion oder in der Praxis ankommt. *essentials* informieren schnell, unkompliziert und verständlich

- als Einführung in ein aktuelles Thema aus Ihrem Fachgebiet
- als Einstieg in ein für Sie noch unbekanntes Themenfeld
- als Einblick, um zum Thema mitreden zu können

Die Bücher in elektronischer und gedruckter Form bringen das Expertenwissen von Springer-Fachautoren kompakt zur Darstellung. Sie sind besonders für die Nutzung als eBook auf Tablet-PCs, eBook-Readern und Smartphones geeignet. *essentials:* Wissensbausteine aus den Wirtschafts-, Sozial- und Geisteswissenschaften, aus Technik und Naturwissenschaften sowie aus Medizin, Psychologie und Gesundheitsberufen. Von renommierten Autoren aller Springer-Verlagsmarken.

Weitere Bände in dieser Reihe http://www.springer.com/series/13088

Teresa Keller

Persönliche Stärken entdecken und trainieren

Hinweise zur Anwendung und Interpretation des Charakterstärken-Tests

Dr. Teresa Keller
flourishing institut
München, Deutschland

ISSN 2197-6708   ISSN 2197-6716   (electronic)
essentials
ISBN 978-3-658-16286-3   ISBN 978-3-658-16287-0   (eBook)
DOI 10.1007/978-3-658-16287-0

Die Deutsche Nationalbibliothek verzeichnet diese Publikation in der Deutschen Nationalbibliografie; detaillierte bibliografische Daten sind im Internet über http://dnb.d-nb.de abrufbar.

Gedruckt auf säurefreiem und chlorfrei gebleichtem Papier

Springer ist Teil von Springer Nature
Die eingetragene Gesellschaft ist Springer Fachmedien Wiesbaden GmbH
Die Anschrift der Gesellschaft ist: Abraham-Lincoln-Str. 46, 65189 Wiesbaden, Germany

Was Sie in diesem *essential* finden können

- Wissenschaftliche Erkenntnisse, warum es sinnvoll ist, sich mit seinen Stärken zu beschäftigen
- Anregungen, wie wir Stärken besser erkennen können
- Erkenntnisse, was es bringt, unsere Stärken tagtäglich zu nutzen
- Impulse, wie wir diese Stärken in unseren Alltag leichter integrieren

Inhaltsverzeichnis

Was es uns bringt, unsere Stärken zu kennen und zu nutzen 1

Stärken stärken stärkt – diese Erkenntnis verbreitet sich immer mehr, und doch fällt es vielen von uns schwer, über unsere Stärken zu reden und sie aktiv und bewusst zu nutzen. Warum ist das so? Warum können nur die wenigsten von uns ihre Stärken überhaupt benennen? Das hat unterschiedliche Gründe. Erstens erkennen wir Stärken gar nicht, da sie uns mit einer solchen Selbstverständlichkeit von der Hand gehen, dass wir sie gar nicht mehr als Stärken wahrnehmen. Zweitens sind wir von einem kulturell verankerten Habitus getrieben, dass wir uns prinzipiell eher auf unsere Schwächen konzentrieren. Unsere Persönlichkeiten scheinen ein ähnliches Verhalten zu haben, wie wir es in den Medien immer wieder finden: Bad news are good news. Im Alltag fällt es uns schwer – ganz gleich ob privat oder beruflich –, über unsere Stärken zu sprechen. Wir geben zwar immer häufiger positive Rückmeldungen, aber das scheint ein psychologischer Trick zu sein: Denn das machen wir meist nur, um im Anschluss häufig etwas Negatives zu bemerken. Der dritte Grund, weshalb wir unsere Stärken so wenig thematisieren: Es ist nicht ganz eindeutig, was überhaupt eine Stärke ist und was vielleicht ein Talent oder eine Fähigkeit.

Versuchen wir also zunächst zu definieren, was eine Stärke ist. Die häufigste Antwort lautet: Wenn jemand etwas gut kann. Das ist zwar nicht falsch, aber auch nicht wirklich richtig. Wenn wir uns Dinge aneignen, die wir nicht wirklich gerne machen, aber gut können, wie beispielsweise aufräumen oder putzen, haben wir eine Fähigkeit ausgebaut. Wir haben etwas geübt, weil es uns wichtig war. Aber wird es deshalb gleich zu einer Stärke? Nein.

Sind Stärken dasselbe wie Talente? Unter Talenten werden angeborene Veranlagungen verstanden, wie Ballgefühl, das absolute Gehör oder eine ausgeprägte Sprachbegabung. Sie ruhen quasi in uns und warten nur darauf, entdeckt zu werden. Jedoch muss ein Talent vorangetrieben werden, um wirklich zur Entfaltung

© Springer Fachmedien Wiesbaden GmbH 2017
T. Keller, *Persönliche Stärken entdecken und trainieren,* essentials,
DOI 10.1007/978-3-658-16287-0_1

zu kommen. Womit wir uns den Stärken nähern. Denn den bewussten Einsatz unserer Stärken brauchen wir, um Talente erst zur Entfaltung bringen zu können.

Stärken sind anders. Stärken sind stärker. Wenn wir sie nutzen, gehen wir ganz auf in einer Tätigkeit, erreichen oft das Gefühl des Flow[1]. Wir vergessen Raum und Zeit, wir lernen schneller und haben Spaß an dem, was wir tun. Durch die Erfolge, die wir aufgrund unserer Stärken erreichen, werden wir selbstbewusster, risikofreudiger, optimistischer und engagierter.

▶ Stärken sind Muster des Denkens, Handelns und Fühlens, die uns – wenn wir sie praktizieren – energetisieren, motivieren und anregen. Sie erlauben uns, uns auf einem optimalen Leistungslevel zu bewegen (Biswas-Diener 2010, S. 21).

Schon die Philosophen der Antike stellten sich die Frage: Wie können die Menschen ein gutes Leben führen? Aristoteles kam – vereinfacht gesagt – zu dem Schluss, dass ein gutes Leben nur dann möglich sei, wenn wir das Beste aus uns herausholten. Wie wir das umsetzen können, ist der Forschungsschwerpunkt der Positiven Psychologie. Mittlerweile zeigen eine ganze Reihe von Forschungsarbeiten vor allem am Institut für Psychologie in Zürich, dass das Nutzen seiner Stärken ein wesentlicher Baustein für ein zufriedenes Leben ist. Denn es bringt mehrere Vorteile mit sich:

- Wir fühlen uns vitaler und lebendiger
- Wir nehmen das, was wir tun, als sinnerfüllter wahr
- Wir können uns besser konzentrieren
- Wir bringen bessere Leistung
- Wir können besser mit Rückschlägen umgehen (wir sind resilienter)
- Unsere Beziehungsqualität verbessert sich
- Wir lassen uns gerne auf Neues ein

In der Arbeitswelt hat sich gezeigt, dass Arbeitszufriedenheit eng mit der Anwendung eigener Stärken verbunden ist. Mitarbeiter, die ihre Stärken nutzen, betrachten in der Regel ihren Beruf als Berufung (Harzer und Ruch 2012, S. 369). Gleichzeitig haben in einer Gallup Umfrage von 200.000 Angestellten lediglich

---

[1]Das Konzept von Csikszentmihalyi, bei dem ein „Flow"-Zustand in dem Moment entsteht, in dem Anforderung und Leistungsfähigkeit sich decken. In diesem Zustand gehen wir ganz in einer Tätigkeit auf und verlieren das Gefühl von Zeit und Raum (Csikszentmihalyi 2015).

20 % folgende Frage bejahen können: „Haben Sie bei Ihrer Arbeit die Gelegenheit, jeden Tag das zu tun, was Sie am besten können?" Das ist nicht nur betriebswirtschaftlich erstaunlich, hat doch eine weitere Untersuchung gezeigt, dass Abteilungen mit Mitarbeitern, die ihre Stärken nutzen können, eine geringere Personalfluktuation aufweisen, produktiver sind und eine höhere Kundenzufriedenheit haben (Buckingham und Clifton 2011, S. 16).

Die Idee, Stärken mehr und besser zu nutzen, scheint also verlockend. Für den Einzelnen, aber auch für Unternehmen. Doch wie setzen wir diese Idee um? Wie können wir unsere Stärken entdecken?

Es gibt viele Wege, sich mit seinen Stärken auseinanderzusetzen. Zunächst einmal durch Selbstreflexion. Durch eine differenzierte Betrachtung von vergangenen Ereignissen können wir analysieren, welche unserer Stärken uns in bestimmten Momenten womöglich geholfen haben. Dafür gibt es einfache Übungen. Überlegen Sie zum Beispiel, wann Sie in der Vergangenheit besonders engagiert und begeistert waren und Ihnen eine Aktivität sehr leicht von der Hand ging. Das kann ein außergewöhnlicher Erfolg gewesen sein, ein intensiver Austausch oder eine mutige Aktion. Überlegen Sie nun, was Sie konkret dazu beigetragen haben. Wodurch wurde dieses Erlebnis so besonders? Waren es bestimmte Fähigkeiten, die Sie erlernt haben, die Ihnen diesen Erfolg ermöglichten? Erforschen Sie, welche Stärken dahinter gestanden haben.

Auch andere Erfahrungen in unserem Leben geben uns Hinweise auf unsere Stärken. Beispielsweise die Frage nach den Lieblingsfächern in der Schule, nach den Zeitpunkten, an denen wir uns besonders lebendig fühlen, oder nach den Momenten, an denen wir Lob oder Bewunderung von anderen erfahren. Eine weitere Möglichkeit ist es, sich mit seinem persönlichen Umfeld darüber auszutauschen, wie diese Menschen uns wahrnehmen. Dabei gibt es eine empirisch erprobte Vorgehensweise: das „Reflected Best Self". Fragen Sie Freunde, Verwandte oder Kollegen, wann Sie Ihr „bestes" Selbst zeigen und bei welchen Aufgaben Sie aus der Sicht ihres Umfelds zur Höchstform auflaufen (im Idealfall 20 Personen, die jeweils drei Geschichten erzählen). Sammeln Sie die Situationen und analysieren Sie, ob es Gemeinsamkeiten gibt oder bestimmte Wiederholungen. Arbeiten Sie die Stärken heraus, die so erkennbar werden.

Es geht aber auch einfacher und strukturierter. Das ermöglichen mittlerweile zahlreiche Tests, die das Erforschen eigener Stärken zuverlässig empirisch belegen und in einfacher Weise möglich machen. Ein Vorteil dieser messbaren Verfahren ist das Benennen und Beschreiben von einzelnen konkreten Stärken. Diese Begrifflichkeiten bringen zum einen eine erste Klarheit mit sich und helfen bei der Entwicklung einer stärkenorientierten Sprache. Das ist von Bedeutung, um sich über verschiedene Stärken klar zu werden, sie voneinander abzugrenzen.

Und sie machen es möglich, dass wir uns gegebenenfalls mit anderen austauschen können (wie zum Beispiel mit der Familie oder mit einem Arbeitsteam). Zum anderen sind solche Verfahren gut geeignet, völlig neue Aspekte in der Selbstreflexion zu berücksichtigen. Es kommt immer wieder vor, dass sich manche vermeintliche Schwäche als Stärke entpuppt. So kann beispielsweise die Stärke „Vorsicht" als mangelnder Mut interpretiert werden – oder aber auch als Umsicht und gute Einschätzungsgabe von potenziellen Risiken.

Das Ziel im Umgang mit Stärken ist es, eine goldene Mitte zu finden, immer orientiert an dem jeweils vorhandenen Kontext (siehe Abb. 1.1). Es kann vorkommen, dass bestimmte Stärken noch nicht ausreichend genutzt werden („underuse") und sie dadurch noch Entwicklungspotenzial haben. Es kann aber auch passieren, dass eine Stärke zu viel genutzt wird („overuse"), wodurch die Qualität der Stärke verloren geht. Wir meinen bisweilen eine Schwäche ausgemacht zu haben, in Wirklichkeit ist es allerdings eine übertriebene Stärke. Je nach Situation können die Stärken unterschiedlich hilfreich und relevant sein.

Bei allen Testverfahren ist es essenziell, offen und ehrlich zu antworten. So auch in diesem Verfahren. Sicherlich sehen viele von uns lieber ein Ergebnis mit einer möglichst großen Anzahl von Stärken. Wir wären gerne mutiger, humorvoller oder weiser. Doch nur wenn wir versuchen, die Fragen so aufrichtig wie möglich zu beantworten, ziehen wir den größtmöglichen Nutzen aus einem solchen Stärkentest.

Es gibt dabei eine Vielzahl von Testverfahren. Zum Beispiel den „Gallup-Strength Finder". Hier muss sich der Befragte innerhalb von 20 s zwischen zwei Statements entscheiden. Nach rund 30 min erhält er eine Liste seiner fünf größten Stärken (von 34 möglichen). Dieser Test bezieht sich ausschießlich auf den

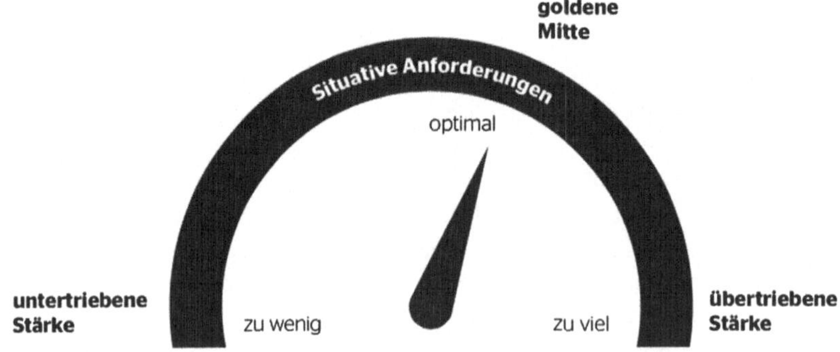

Abb. 1.1 Stärken dem jeweiligen Kontext anpassen. (Biswas-Diener 2010, S. 36), (übersetzt durch die Autorin)

Arbeitskontext und ordnet seine Stärken vier unterschiedlichen Führungsstilen zu, dem „Beziehungsaufbau", der „Durchführung", der „Einflussnahme" und dem „strategischen Denken". Der Test wurde erstmals 2001 vorgestellt und mittlerweile von zwölf Millionen Menschen weltweit durchgeführt.[2]

Ein weiterer Test ist der „Realize2"-Test, den der Psychologe Alex Linley entwickelt hat. Sein Schwerpunkt liegt im Nutzen der Stärken. Er hat 60 Stärken definiert und unterteilt diese in vier Kategorien: „genutzte Stärken", „ungenutzte Stärken", „Schwächen" und „erlerntes Verhalten". Linley möchte damit den Anwendern Wege aufzeigen, wie mögliche Potenziale besser angewendet werden können.[3]

Der VIA-Charakterstärken-Test (VIA steht für „value in action") ist ein weiteres Verfahren, seine Stärken zu erforschen. Dieser Test soll im Folgenden ausführlich dargestellt werden, und zwar aus drei Gründen. Es ist das Testverfahren mit der stärksten empirischen Validierung. Außerdem bezieht sich dieses Testverfahren nicht nur auf bestimmte Lebensbereiche, sondern auf die Persönlichkeiten in all ihren Lebenskontexten. Und er ist mit insgesamt „nur" 24 Charakterstärken am übersichtlichsten und damit sehr viel leichter im alltäglichen Leben umzusetzen. Auch die Entwicklungspotenziale sind in diesem Verfahren klar erkennbar, da im Ergebnis grundsätzlich alle 24 Charakterstärken aufgelistet werden. Dadurch ist es möglich zu schauen, welche Stärken vielleicht noch im mittleren Bereich darauf warten, weiterentwickelt zu werden.

Die nachfolgende, detaillierte Erläuterung dieser 24 Charakterstärken ist so aufgebaut, dass Sie – auch ohne ein Testverfahren durchlaufen zu haben – nachforschen können, ob die eine oder andere Stärke bei Ihnen vorhanden ist. Schauen Sie sich die verschiedenen Stärken an und überprüfen Sie, bei welchen Stärken Sie spontan sagen würden: „Ja, das bin ich!" Aber auch mit einem Testergebnis sollten Sie hinterfragen, ob Ihre Stärken in dieser Reihenfolge für Sie stimmig sind.

Der VIA-Charakterstärken-Test wurde von den beiden Psychologie-Professoren Peterson und Seligman zu Beginn der 2000er-Jahre entwickelt. Nachdem in den 1990er-Jahren eine Klassifizierung von psychischen Krankheiten erstellt wurde[4], wollten Seligman und Peterson auch eine Klassifizierung der Eigenschaf-

---

[2]Buckingham, M. und Clifton, D. (2014): Entdecken Sie Ihre Stärken jetzt!

[3]Linley, A. (2008): Average to A+.

[4]Das DSM (Diagnostic and Statistical Manual of Mental Disorders) und das ICD (International Classification of Diseases).

ten erstellen, die dem Menschen guttun und zu einem erfüllten Leben verhelfen.[5] Dabei forschten sie weltweit in allen großen Weltreligionen und in verschiedenen klassischen Philosophieansätzen. Sie erkannten global gültige Muster, zum Beispiel dass der Mensch nach bestimmten Tugenden strebt. Schließlich machten sie sechs grundsätzliche Tugenden ausfindig: Weisheit, Mut, Menschlichkeit, Mäßigung, Gerechtigkeit und Transzendenz. Sie suchten dann nach Charakterstärken, die diese Tugenden zum Ausdruck bringen.

Im Anschluss daran mussten die beiden Forscher die enorme Menge an potenziellen Charakterstärken sinnvoll eingrenzen, was ihnen mithilfe von diversen Kriterien gelang, beispielsweise der Fragen: Ist diese Stärke messbar, und kann man sie lernen? Ist sie moralisch wertvoll? Ist der Nutzen dieser Stärke für andere inspirierend? Wie universell ist eine Charakterstärke? (Seligman und Peterson 2004, S. 16 ff.). Nachdem sie die 24 Charakterstärken eingegrenzt hatten, konnten Peterson und Seligman die interkulturelle Anwendbarkeit eben dieser Stärken überprüfen. Inzwischen hat sich gezeigt, dass die ausgewählten Charakterstärken in mehr als 50 Ländern relevante Ergebnisse liefern konnten (Park et al. 2006, S. 118 ff.). Biswas-Diener untersuchte die Charakterstärken auch in abgelegenen Kulturkreisen wie in Kenia bei den Maasai und in Grönland bei den Inuits. Und auch dort haben die ausgewählten Charakterstärken eine positive Bewertung erfahren (Robert Biswas-Diener 2005).

Die folgenden Erläuterungen der Stärken beziehen sich in großem Maße auf die Beschreibungen von Peterson und Seligman, die die Begriffe bei der Entwicklung ihres Tests definierten (Peterson und Seligman 2004). Sie schufen die Grundlage für die Entwicklung und Interpretation der Charakterstärken. Ergänzt werden die Erläuterungen auch von Ausführungen von Ryan Niemiec, der die Organisation VIA Character Strength Institute in Cincinnati (Ohio) leitet (Niemiec 2014). Niemiec hat sich intensiv mit Filmen und deren Zusammenhang mit Charakterstärken auseinandergesetzt. Deshalb kommen die meisten Filmanregungen zu den jeweiligen Charakterstärken von ihm (Niemiec und Wedding 2014).

Dr. Tayyab Rashid von der Universität in Toronto hat 340 Übungen mit seinen Studenten ausgearbeitet, wie Charakterstärken trainiert werden können.[6] Einige seiner Übungen werden ebenfalls in diesem Buch vorgestellt. Alle Filme und Übungen, die von Niemiec stammen, sind mit ° gekennzeichnet, alle Übungen und Filme, die von Rashid stammen, sind mit * gekennzeichnet.

---

[5]Der Begriff „erfüllt" wird hier absichtlich zur Abgrenzung von „glücklich" genutzt. Denn bei dem glücklichen Leben wird das Negative negiert. Bei einem erfüllten Leben ist das nicht der Fall (Peterson und Seligman 2004).

[6]http://tayyabrashid.com/pdf/via_strengths.pdf am 23.06.2016.

Tab. 1.1 Die sechs Tugenden und die ihnen zugeordneten Charakterstärken

Weisheit und Wissen	Mut	Menschlichkeit	Gerechtigkeit	Mäßigung	Transzendenz
Kreativität/ Einfallsreichtum	**Authentizität/** Aufrichtigkeit	**Freundlichkeit/** Großzügigkeit	**Teamfähigkeit/** Loyalität	**Vergebungs-bereitschaft/** Gnade	**Sinn für das Schöne und Gute**
Urteilsvermögen/ Kritisches Denken	**Tapferkeit/** Mut	**Bindungs-fähigkeit/** Fähigkeit zu lieben	**Führungs-vermögen**	**Bescheidenheit/** Demut	**Dankbarkeit/** Demut
Neugier/ Interesse	**Ausdauer/** Beharrlichkeit/ Fleiß	**Soziale Intelligenz**	**Fairness/** Gleichheit/ Gerechtigkeit	**Umsicht/** Vorsicht	**Hoffnung/** Optimismus
Liebe zum Lernen	**Lebenskraft/** Tatendrang/ Enthusiasmus			**Selbstregulation/** Selbstkontrolle	**Humor/** Verspieltheit
Weitsicht/ Weisheit					**Spiritualität/** Glaube

Einen ersten Überblick über die 24 Charakterstärken ermöglicht die Tab. 1.1.

Kreativität (Creativity)

Galt Kreativität früher noch als ein göttliches Geschenk, wird sie heute als eine menschliche Begabung gesehen. Dabei denken die meisten Menschen bei Kreativität nur an Maler, Schriftsteller oder Musiker mit einer genialen Fähigkeit – Künstler eben. Kreativität kann aber auch als allgemeine Charakterstärke gemeint sein. Dann beschreibt sie eine viel alltäglichere, pragmatischere Form von Stärke. Sie kann sich auf fast alle Lebensbereiche beziehen, sowohl im Beruflichen als auch im Privaten. Es geht um die Stärke und Fähigkeit, große und kleine Probleme auf ungewöhnliche Art und Weise zu lösen. Dabei kann es sich sowohl um materielle, als auch um emotionale Themen handeln. Kurzum: Es geht um eine pragmatische Form von Umsetzungsfähigkeit.

Menschen mit einer hohen pragmatischen Kreativität sind häufig unabhängig, denken unkonventionell, sind offen für neue Erfahrungen und haben ein breit angelegtes Interesse. Es gibt tendenziell Unterschiede zwischen wissenschaftlich arbeitenden Kreativen und künstlerisch denkenden Kreativen (die eher dazu neigen, emotional sensibler zu sein).

Wird diese Stärke zu sehr betont, kann das Spannungen erzeugen, sowohl für die Person selbst als auch für ihr Umfeld (zum Beispiel, wenn die Person ständig alles neu machen will und damit ihr Umfeld überfordert). Ausgelebte Kreativität und übertriebene Exzentrik liegen oft nah beieinander. Auf der anderen Seite können Zeitdruck, voreilige Kritik und enge Kontrollen die Kreativität einschränken. Menschen mit wenig Kreativität wirken schnell konform und angepasst.

© Springer Fachmedien Wiesbaden GmbH 2017
T. Keller, *Persönliche Stärken entdecken und trainieren*, essentials,
DOI 10.1007/978-3-658-16287-0_2

Übungen für den Alltag:

- Machen Sie einmal die Woche etwas außerhalb Ihrer Routine auf eine neue Weise – und wenn es nur eine Kleinigkeit ist, zum Beispiel einen neuen Weg zum Büro zu finden.°
- Suchen Sie Überbleibsel (Essen, Material, Produkte) und überlegen Sie, in welcher Weise man sie noch verwenden könnte.*
- Überlegen Sie sich regelmäßig ungewöhnliche Lösungen für Probleme von Freunden oder Verwandten.*

Warum ist diese Stärke wichtig?

Es gibt immer wieder Situationen, die eine unkonventionelle Lösung erfordern. Wie hilfreich ist es da, jemanden an seiner Seite zu wissen, der Ideen hat und immer nach einer praktischen Lösung sucht. Ungewöhnliche Ideen und Lösungen machen unseren Alltag lebendiger und schöner. Und sie führen dazu, dass wir uns persönlich weiterentwickeln. Kreative Lösungen im Alltag sind überall da notwendig, wo Routine und Gewohnheiten die Weiterentwicklung einschränken.

Wie andere Sie wahrnehmen:
- Künstlerisch, originell, unabhängig, risikofreudig, unkonventionell, einfallsreich

Filme zu dieser Charakterstärke:
- *A Beautiful Mind – Genie und Wahnsinn* (2001) mit Russell Crowe und Jennifer Connelly°
- Sein und Haben (2002)°

Urteilsvermögen (Judgement, Open-Mindedness)

Viele von uns haben häufig die Angewohnheit, genau jene Informationen zu suchen, die unsere bestehende Meinung bestätigen. Bei jenen, die ein starkes Urteilsvermögen haben, ist das anders. Sie sind in der Lage, unterschiedliche Sichtweisen zu erkennen und einzunehmen, sie können durchaus komplexe Sachverhalte aus verschiedenen Perspektiven beleuchten und ein Thema oder ein Problem auch wirklich mit allen wichtigen Informationen und Argumenten hinterfragen. Es ist ihnen wichtig, eine objektive Betrachtungsweise einzunehmen, und es macht ihnen nichts aus, ihre Meinung aufgrund der erhaltenen Informationen zu revidieren.

Im Beruf können Menschen mit dieser Stärke sehr hilfreich sein, wenn es darum geht, grundsätzliche Entscheidungen zu fällen oder strategische Pläne zu entwickeln. Personen mit einem starken Urteilsvermögen sind in der Regel gute Begleiter, da sie verschiedene Perspektiven einnehmen können und sich nicht zu sehr von Begeisterung und Enthusiasmus ablenken lassen. Gerade in Change-Prozessen kann diese Haltung für die anderen Teammitglieder ein großes Maß an Sicherheit geben.

Wird diese Stärke übertrieben, kann es passieren, dass jemand überkritisch alles hinterfragt. Er oder sie findet dann immer ein Haar in der Suppe und kann dadurch zu einem bremsenden Element werden. Das kann bis zu Engstirnigkeit und Intoleranz führen.

Wird diese Stärke nicht genutzt, fällt es dieser Person generell schwer, einen lieb gewonnen Standpunkt aufzugeben. Sie beharrt auf einer Position, ganz unabhängig davon, dass es möglicherweise gute Argumente für eine andere Sichtweise gibt. Die Person wirkt eher unreflektiert.

Übungen für den Alltag:

- Wenn Sie demnächst eine größere Entscheidung zu fällen haben, schreiben Sie eine „Pro und Kontra" – Liste. Machen Sie dazwischen immer wieder eine Pause. Reflektieren Sie in diesen Pausen aber nur die bereits notierten Punkte und nicht mögliche weitere Argumente.*
- Bitten Sie einen guten Freund, Ihnen Feedback hinsichtlich dreier Aktivitäten in der letzten Zeit zu geben, in denen Urteilsvermögen eine Rolle gespielt hat. Versprechen Sie Ihrem Gesprächspartner, dass Sie ruhig und ohne ihm ins Wort zu fallen zuhören werden.*
- Starten Sie eine Aktivität und fragen Sie sich vorher: Warum, wann und wie führe ich diese Handlung durch?*

Warum ist diese Stärke wichtig?
Menschen mit einem guten Urteilsvermögen werden gerne um Meinungen und Einschätzungen gebeten, da man weiß, dass sie einen guten Überblick und einen ausgewogenen Standpunkt innehaben. Sie können gut zuhören, was ihnen hilft, gute Beziehungen zu ihren Mitmenschen zu führen.

Diese Stärke kann besonders gut in Zeiten des Umbruchs und der Veränderung genutzt werden.

Wie andere Sie wahrnehmen:
- Klug, tolerant, abwägend, objektiv

Filme zu dieser Charakterstärke:

- *Sherlock Holmes* (2009) mit Robert Downey Jr. und Jude Law°
- *Matrix* (1999) mit Keanu Reeves, Carrie-Anne Moss und Laurence Fishburne°

Neugier (Curiosity)

Neugier zählt zu den Charakterstärken, die in besonderem Maße zu einem zufriedenen Lebensgefühl beitragen. Die Neugier hat viele positive Effekte auf den Menschen. Sie wirkt sich positiv auf die Gesundheit aus, sorgt für mehr Sinnhaftigkeit und bessere soziale Beziehungen (Kashdan 2009). Menschen mit einer deutlichen Ausprägung dieser Charakterstärke, suchen aktiv nach neuen Themen, Herausforderungen und Erfahrungen. Sie sind offen und flexibel und lassen sich mit Freude auf neue, unbekannte Situationen ein. Es kann den besonders neugierigen Menschen passieren, dass sie beispielsweise von einem Kinofilm total absorbiert werden oder aber auch in einem Gespräch mit einem faszinierenden Fremden völlig die Zeit aus dem Auge verlieren.

Neugierde ist allerdings nicht einfach nur der Wunsch nach Neuheiten und Unbekanntem. Sie geht tiefer und breiter. Es geht um das Sammeln neuer Erfahrungen. Deshalb ist Offenheit gegenüber Unbekanntem, Neuem, anderen Werten und Ideen unabdingbar. Umgekehrt aber ist es nicht so, dass alle, die grundsätzlich eine Offenheit leben, auch neugierig sind. Denn zur Neugierde gehört die Bereitschaft, Risiken einzugehen. Diejenigen, die Neugierde als Charakterstärke haben, sind bereit, für eine neue Erfahrung auch ein gewisses Risiko in Kauf zu nehmen, auch wenn sie sich dabei mal die Nase anschlagen. Genau diese Bereitschaft zum Hinfallen und Scheitern macht auch den Unterschied zu der Charakterstärke „Liebe zum Lernen" (vgl. Seite...) aus.

Menschen mit positiver Neugier sind häufig geprägt von Intelligenz, Autonomie, Selbstachtung, subjektivem Wohlbefinden und der Fähigkeit, Probleme zu lösen. Sie kommen schnell mit anderen Personen in Kontakt und können rasch eine große Nähe aufbauen. Sie zeigen im Berufsleben Engagement, Zielorientierung, Bereitschaft, sich auf Neues einzulassen, und eine hohe intrinsische Motivation.

Zu neugierige Menschen versuchen alles und jeden zu erforschen und überschreiten dabei leicht mal eine Grenze ihrer Mitmenschen. Sie interessieren sich ständig für alle möglichen Themen, ohne ein Thema zu vertiefen oder einen Mehrwert für die Allgemeinheit zu generieren. Haben Menschen einen Mangel an Neugierde, dann sind sie schnell gelangweilt. Sie beschäftigen sich lieber mit bereits bekannten Themen und sind Neuem gegenüber weniger aufgeschlossen.

Übungen für den Alltag:

- Beschäftigen Sie sich mit einem anderen Kulturkreis und überprüfen Sie, in welchen Punkten dieser Kulturkreis sich von Ihrem eigenen unterscheidet und wo es Gemeinsamkeiten gibt.*
- Konfrontieren Sie sich mit Dingen, die Sie herausfordern. Halten Sie einen Vortrag (wenn Sie wollen auch nur vor Ihren Freunden), am besten über ein Thema, von dem Ihre Zuhörer noch nichts oder wenig wissen.*
- Finden Sie Gründe, die Ihnen den Zugang zu Ihrer Neugierde möglicherweise bisher verschlossen haben, und überlegen Sie sich drei neue Wege, dieser Stärke (wieder) mehr Raum zu geben.*

Warum ist diese Stärke wichtig?
Wir leben in einer Zeit des ständigen Wandels. Die Veränderungen und Herausforderungen werden dynamischer – wir müssen uns in immer kürzeren Abständen an immer neue Gegebenheiten anpassen. Da ist es hilfreich, auf das, was da kommen mag, neugierig zu sein. Neugierige Menschen helfen einer Gemeinschaft, flexibel zu bleiben, sich immer wieder auf Ungewohntes einzulassen und sich damit weiterzuentwickeln.

Wie andere Sie wahrnehmen:
- Intelligent, offen, mutig, interessiert, forschend, wissbegierig

Filme zu dieser Charakterstärke:
- *Alice im Wunderland* (2010) mit Johnny Depp, Mia Wasikowska und Anne Hathaway°
- *Der Himmel über Berlin* (1987) mit Bruno Ganz und Peter Falk°.

Liebe zum Lernen (Love of Learning)

Menschen, die „Liebe zum Lernen" als Stärke haben, sind wissbegierig. Wissen macht ihnen Freude, sie lernen gern. Sie haben das Bedürfnis, ihr Wissen zu erweitern, ganz gleich ob es um körperliche oder handwerkliche Fähigkeiten oder um komplexe Themengebiete geht. Das kann sich im Erlernen von Sprachen ausdrücken, aber auch im Erlernen einer Sportart. Auch scheinbare Banalitäten wie die aktuellen Hitlisten mit Liedtexten und ihrer Sänger können Ausdruck davon sein. Entscheidend ist, dass es immer wieder neue Inhalte gibt, die eine Person lernen kann und dadurch Herausforderungen, die sie für sich entdecken kann.

Häufig wird die Charakterstärke „Liebe zum Lernen" gleichgesetzt mit der Charakterstärke „Neugier". Menschen, die „Liebe zum Lernen" als Charakterstärke haben, sind zwar auch neugierig, sie beziehen sich allerdings mehr auf die kognitiven Aspekte einer Fähigkeit oder eines Themengebiets. Bei „Neugier" als Charakterstärke geht es mehr um das direkte Erleben und die Erfahrung.

Wird diese Stärke zu sehr eingesetzt, können diese Personen altklug und besserwisserisch wirken. Immer haben Sie einem Zahlen, Daten und Fakten entgegenzusetzen, sie akzeptieren nur wissensbasierte Argumente. Bei einer zu geringen Nutzung dieser Stärke entsteht eine gewisse Hemmung, sich in ein neues Gebiet einzuarbeiten. In unserem heutigen, sehr dynamischen Alltag kann das schnell hinderlich sein.

Übungen für den Alltag:

- Gehen Sie einmal im Monat in ein neues Museum. Schreiben Sie auf, was Sie dabei gelernt haben. Nehmen Sie einen Freund oder Familienangehörigen mit und lassen Sie sich seine Wahrnehmungen und Erfahrungen schildern.*
- Lernen Sie zwei Mal die Woche fünf neue Wörter inklusive ihrer Bedeutung und Nutzung. Recherchieren Sie nach neuen Wörtern im Internet, oder verbessern Sie eine bereits erlernte Fremdsprache.*
- Suchen Sie sich ein Thema, in das Sie sich neu einarbeiten wollen. Ein neues Reiseziel, eine spezifische Produktentwicklung Ihres Unternehmens oder Aktivitäten eines Konkurrenten. Informieren Sie sich umfassend, und versuchen Sie, aus dem Gelernten das Wichtigste herauszufiltern.

Warum ist diese Stärke wichtig?

Wissen spielt in unserer heutigen, postindustriellen Gesellschaft eine zentrale Rolle. Nicht umsonst prägt der Begriff der „Wissensgesellschaft" viele politische und ökonomische Diskussionen. Einerseits wird durch das Internet Wissen in umfangreicher Form jedem zugänglich, aber man benötigt dadurch erst recht das Wissen, diese Informationen einzuordnen, zu sortieren und zu evaluieren. Es gilt weiterhin der Satz: „Wissen ist Macht." Der Wunsch „Lernen zu wollen" ist in jedem Menschen angelegt. Er ermöglicht unsere persönliche Entwicklung. Nur ist dieses Bedürfnis bei Menschen mit der Stärke „Liebe zum Lernen" deutlich ausgeprägter.

Im Arbeitsleben hat diese Stärke einen großen Vorteil, da es in unternehmerischen Kontexten tagtäglich darum geht, die aktuellen Zahlen im Kopf zu haben, die neuesten Entwicklungen am Markt zu kennen oder Aktivitäten der Wettbewerber im Auge zu behalten.

Wie andere Sie wahrnehmen:
- Gebildet, gut erzogen, interessiert, erfahren, wissend

Filme zu dieser Charakterstärke:
- *Akeelah ist die Größte* (2006) mit Keke Palmer und Laurence Fishburne°
- *Die Kinder des Monsieur Mathieu* (2004) mit Jean-Baptiste Maunier, Gérard Jugnot und Jacques Perrin°

Weitsicht/Weisheit (Wisdom/Perspective)

Bei der Stärke Weitsicht geht es um das Vorausdenken und das Antizipieren von zukünftigen Entwicklungen. Diese Menschen denken eher an die Zukunft und behalten auch in stressigen Zeiten einen guten Überblick.

Diese Stärke hat aber nichts mit Intelligenz zu tun. Menschen, die sehr intelligent sind, müssen noch lange nicht weise beziehungsweise weitsichtig sein – und weise Menschen müssen nicht unbedingt intelligent sein. Diese Stärke entwickelt sich mit wachsender Lebenserfahrung. Denn sich verändernde Lebensumstände als auch einschneidende Wechsel im Lebenslauf können das Wachstum von Weisheit beeinflussen.

Menschen mit dieser Charakterstärke werden immer wieder um Rat gefragt. Ihre Meinung wird geschätzt, und ihre Ratschläge werden häufig ernst genommen. Das liegt daran, dass diese Menschen den übergeordneten Sinn hinter vielen Ereignissen verstehen und nicht nur kurzfristig optimierend denken. Sie haben ein gutes Gespür dafür, wann es gut ist, einen Ratschlag zu geben – und wann es besser ist, zu schweigen.

Wird diese Stärke übertrieben, dann wirken Menschen altklug und besserwisserisch, bisweilen sogar lebensfremd. Sie wollen ständig Ratschläge erteilen, auch wenn sie keiner danach fragt, und wirken manchmal arrogant. Wird diese Stärke nicht genügend gelebt, scheinen diese Personen unbedacht und leichtsinnig, manchmal sogar unverantwortlich.

Übungen für den Alltag:

- Erforschen Sie Ihre Zielsetzung bei den letzten fünf wichtigen Entscheidungen, die Sie getroffen haben. Erinnern Sie sich daran, was Sie dazu motiviert hat, die Entscheidung so zu treffen, wie Sie sie getroffen haben.*
- Bieten Sie in Alltagssituationen Ihren Rat an, allerdings nur, wenn Sie gefragt wurden und nachdem Sie mitfühlend zugehört haben. Fragen Sie auch regelmäßig andere Menschen um Rat.*
- Suchen Sie nach einer Möglichkeit, bei der Sie mindestens alle drei Monate als Berater unterstützend tätig sein können. Das kann beispielsweise als Mentor für einen Mitarbeiter sein oder als Nachhilfelehrer für ein Schulkind aus der Nachbarschaft.*

Warum ist diese Stärke wichtig?
Ein guter Rat mit Weitsicht und voller Wertschätzung kann uns helfen, die Dinge auch mal in einem anderen Licht zu sehen. Deshalb sind Menschen mit dieser Stärke sehr wichtige Partner für unser soziales Umfeld. Sie helfen uns, in Krisenzeiten wieder eine Orientierung zu finden oder bei schwierigen Entscheidungen eine andere perspektivische Ebene einzunehmen. Ein Ratschlag von jemandem, der uns gut zugehört hat, der aber auch das große Ganze sieht, ist unendlich wertvoll.

Wie andere Sie wahrnehmen:
- Wissend, bedacht, respektvoll, ruhend

Filme zu dieser Charakterstärke:
- *The King's Speech* (2010) mit Colin Firth und Geoffrey Rush°
- *Das Haus am Meer* (2001) mit Hayden Christensen und Kristin Scott Thomas°

Authentizität/Aufrichtigkeit (Honesty)

Aufrichtigkeit beschreibt eine authentische, ehrliche Haltung sich selbst und anderen gegenüber. Menschen, die Aufrichtigkeit als Stärke haben, leben ihre Werte und stehen zu den Aussagen, die sie treffen. Bei ihnen stimmen die Gefühle, die Worte und die Gedanken mit ihrem Verhalten überein. Vor allem auch in Situationen, in denen die eigene Meinung möglicherweise unpopulär ist, lassen sich Menschen mit Aufrichtigkeit als Stärke nicht davon abbringen, dennoch ihre Meinung zu äußern.

Menschen mit einer starken Authentizität benötigen sowohl eine gute Selbstwahrnehmung als auch ein gutes Einfühlungsvermögen. Denn sie müssen abwägen können, was ihnen selbst wichtig ist und was für das soziale Umfeld annehmbar ist. Dieses ist wichtig, weil wir als soziale Wesen sehr schnell an unsere Grenzen kämen, wenn wir immer nur unsere eigenen Bedürfnisse, Meinungen und Interessen in den Vordergrund stellen würden. Haben wir aber die Möglichkeit, unsere Werte und Bedürfnisse kommunizieren zu können, ohne negative Konsequenzen befürchten zu müssen, ist diese Ausdrucksmöglichkeit ein wesentlicher Baustein, um inneren Frieden und damit Wohlbefinden zu erreichen.

Menschen mit dieser Stärke haben häufig einen guten Realitätssinn. Sie sehen die Dinge, wie sie sind, sie übernehmen Verantwortung für das, was sie tun. Dabei versuchen sie im besten Fall, anderen Menschen denselben Freiraum zu lassen, den sie für sich selbst in Anspruch nehmen.

Sollte diese Stärke zu stark ausgeprägt sein, kann die Ehrlichkeit dieser Menschen verletzend sein. Bei fehlender Toleranz anderen gegenüber kann es auch passieren, dass diese Menschen nur noch ihr eigenes Ding machen und die anderen aus den Augen verlieren. Ist diese Stärke zu schwach ausgeprägt, fällt es Personen schwer, ihre Meinung zu äußern und für ihre Werte einzustehen. Sie verhalten sich bisweilen wie das berühmte „Fähnchen im Wind".

Übungen für den Alltag:

- Beobachten Sie, wie authentisch Sie bei Ihren nächsten fünf größeren Aktivitäten sind. Achten Sie auf eine mögliche Diskrepanz zwischen Ihren Worten und Ihren Taten. Versuchen Sie so zu agieren, dass Ihr Verhalten mit Ihren Ankündigungen übereinstimmt.*
- Finden Sie den Bereich Ihres Lebens heraus, der für Sie mit besonders großer moralischer Überzeugung verbunden ist. Entwickeln Sie Ihre langfristigen Prioritäten so, dass Sie zu diesen Überzeugungen passen.*
- Denken und Handeln Sie bei Ihren nächsten Aktivitäten fair und unabhängig von dem Einfluss Ihres Umfeldes oder Erwartungen Dritter.*

Warum ist diese Stärke wichtig?
Menschen, die aufrichtig sind, haben eine hohe Anziehungskraft und führen meistens bessere Beziehungen. Denn niemand ist gerne mit jemandem zusammen, der ständig vorgibt, jemand anderes zu sein oder seine wahre Meinung verbirgt oder nicht äußert. Durch ein verstärkt authentisches Verhalten haben wir die Möglichkeit, uns lebendiger zu fühlen und unsere Selbstwirksamkeit besser zu spüren. Dadurch steigt die Lebenszufriedenheit in hohem Maße.

Wie andere Sie wahrnehmen:
- Souverän, ehrlich, unbeugsam, wahrhaftig

Filme zu dieser Charakterstärke:
- *Erin Brockovich* – Eine wahre Geschichte (2000) mit Julia Roberts und Albert Finney*
- *Der Club der toten Dichter* (1989) mit Robin Williams, Ethan Hawke und James Waterston°

Tapferkeit (Bravery)

Bei Tapferkeit denken wir gerne an Helden, die wir aus Filmen oder Romanen kennen, die über besonderen Mut oder Kampfgeist verfügen. Meistens geht es dabei um physischen Mut. Es gibt aber auch emotionalen Mut (zum Beispiel, wenn wir gegen unsere Phobien ankämpfen) und moralischen Mut (die sogenannte Zivilcourage). Tapferkeit gibt es also in verschiedensten Lebenslagen. Vom Fallschirmsprung bis zum Teammeeting, vom Kündigungsgespräch bis zum Streit im privaten oder familiären Umfeld. Es kann darum gehen, eine unbeliebte Meinung zu vertreten, sich einem Problem zu stellen, seinen Ängsten ins Gesicht zu schauen oder sich gegen Ungerechtigkeit zu wehren. Um tapfer sein zu können, bedarf es eines guten Realitätssinns, damit man eine Situation sorgfältig und realistisch einschätzen kann – und das Risiko überblickt, das man mit seiner Tapferkeit eingeht.

Tapferkeit beschreibt die freiwillige Fähigkeit, trotz vorhandener Angst in gefährlichen Situationen mit vertretbarem Risiko aktiv zu werden – um für ein bestimmtes Ziel etwas Gutes zu erreichen, ganz gleich, ob es für sich persönlich oder für andere relevant ist. Es geht dabei nicht darum, keine Angst zu haben, sondern die Angst zu überwinden und dadurch handlungsfähig zu bleiben. Der Psychologe Biswas-Diener hat in diesem Zusammenhang den sogenannten „Mutquotienten" entwickelt. Der stellt die Angst vor einer bestimmten Handlung in Relation zu unserer Handlungsfähigkeit, also der Bereitschaft, trotz Angst zu handeln (Biswas-Diener 2012). Und jeder von uns weiß um das wunderbare Gefühl, das wir haben, wenn wir unsere Angst überwunden haben und tapfer waren. Es fühlt sich lebendig und stärkend an.

Wird die Tapferkeit allerdings übertrieben, führt sie zu Waghalsigkeit und Übermut. Dann wird das Risiko unterschätzt, und die verschiedenen Ergebnisoptionen werden nicht ausreichend abgewogen. Individuen, bei denen diese Stärke nicht besonders ausgeprägt ist, schrecken vor Gefahren zurück und sind allgemein ängstlicher. Sie bemühen sich, im Leben möglichst wenig Risiko einzugehen.

Übungen für den Alltag:

- Machen Sie sich bewusst, mit welchen Werten sie schwierige Situationen überwunden haben. Denken Sie auch darüber nach, welche Werte Sie auch daran gehindert haben, Herausforderungen zu meistern. Überlegen Sie, wie Sie das in Zukunft verändern können.*
- Wenden Sie sich jemandem zu, der ganz anders ist als Sie. Begegnen Sie dieser Person mit Freundlichkeit und Interesse, und überlegen Sie, wie Sie die Stärken des anderen mit Ihren eigenen ergänzen könnten.*
- Entwickeln Sie eine Achtsamkeit für tapfere Taten oder Erfolge angesichts großer Schwierigkeiten. Äußern Sie Ihre Wertschätzung und Anerkennung für diese Ereignisse.*

Warum ist diese Stärke wichtig?
Zivilcourage – also das tapfere Einstehen für eine soziale Minderheit – wird heute immer wieder eingefordert. Zu Recht. Zu häufig erleben wir es immer wieder, dass eine schweigende Mehrheit ein inakzeptables Verhalten geschehen lässt. Aber auch für die persönliche Entwicklung ist es immer wieder wichtig, seine eigenen Grenzen mutig zu überschreiten und sich auf Neues einzulassen. Jede Form von Veränderung bedarf der Unterstützung tapferer Menschen.

Wie andere Sie wahrnehmen:
- Risikofreudig, selbstreguliert, zuversichtlich, mutig, unerschrocken

Filme zu dieser Charakterstärke:
- *Schindlers Liste* (1993) mit Liam Neeson, Ben Kingsley und Ralph Fiennes*
- *Hotel Ruanda* (2004) mit Don Cheadle, Sophie Okonedo und Nick Nolte°

Ausdauer (Perseverance)

Menschen mit dieser Stärke geben nicht so schnell auf. Sie verfolgen ihr Ziel weiter, ganz gleich, welche Hindernisse sich in ihren Weg stellen. Ausdauer oder auch Beharrlichkeit verlangt viel Disziplin. Diese Menschen können sich auf die jeweiligen Herausforderungen gut einstellen und sich entsprechend anpassen. Dabei verlieren sie ihr Ziel nicht aus den Augen.

Zunehmende Dynamik und Komplexität unseres Alltags – und Berufslebens erschweren uns, ausdauernd zu sein. Es gibt scheinbar unendlich viele Aufgaben und Ablenkungsmöglichkeiten, zu vielfältig sind unsere Handlungsoptionen und Verführungen. Die scheinbare Möglichkeit, sich alles Mögliche unmittelbar erfüllen zu können (von einem besonders exotischen Essen bis zu allen denkbaren Nischenprodukten), führt dazu, dass wir immer mehr verlernen, zielgerichtet ausdauernd und beharrlich zu sein. Arbeitsbeziehungen und Partnerschaften werden viel schneller geschlossen und wieder aufgelöst als je zuvor.

Es hat sich gezeigt, dass für den beruflichen Erfolg Ausdauer häufig die viel bedeutendere Qualität ist als beispielsweise der Intelligenzquotient oder das Fachwissen (Roy Baumeister 2012). Wie gut ist es da, dass sich Ausdauer trainieren lässt.

Denn wenn die Ausdauer nicht stark ausgeprägt ist, machen uns „Aufschieberitis" und der innere Schweinehund zu schaffen. Sie sind die großen Gegner der Ausdauer – und wir kennen sie alle. Das Ergebnis ist schwerwiegend: Man beginnt vieles, bringt aber wenig richtig zu Ende. Wird die Ausdauer übertrieben, kann es auf der anderen Seite passieren, dass man völlig absorbiert wird von Projekten und geradezu von einem Thema besessen ist – ein Zustand, der einer wahren Obsession ähnelt.

Übungen für den Alltag:

- Setzen Sie sich pro Woche fünf kleine Ziele. Gliedern Sie diese in praktische Einzelschritte und erreichen Sie sie rechtzeitig. Beobachten Sie dabei Ihre Verbesserungen von Woche zu Woche.*
- Formulieren Sie regelmäßig Ihre Ziele und teilen Sie diese immer wieder in Unterschritte ein. Das wird Ihnen helfen, Ihre Ziele weiter zu verfolgen und wirklich am Ball zu bleiben.*
- Achten Sie darauf, welche Ihrer Aktivitäten es wert sind, zu einem Ende gebracht zu werden und bei welchen Sie möglicherweise Ihre Kraft vergeuden und Sie diese nur weiterverfolgen, weil Sie es gewohnt sind, Dinge zu Ende zu bringen.*

Warum ist diese Stärke wichtig?

Wir sind es gewohnt, schnell zu handeln und aus unserer eingesetzten Energie möglichst schnell das Maximum herauszuholen. Doch wären viele Entdeckungen, von denen die Menschheit heute profitiert, nie entstanden, hätten nicht Menschen mit großer Ausdauer immer wieder nach neuen Wegen gesucht. Thomas Alva Edison und die Erfindung der Glühbirne sind dafür wohl das bekannteste Beispiel. Es wird gesagt, dass Edison rund 15.000 Versuche unternahm, bevor er die richtige Idee hatte – und ihm ein Licht aufging.

Wie andere Sie wahrnehmen:
- Zuverlässig, beständig, geduldig

Filme zu dieser Charakterstärke:
- *Das Streben nach Glück* (2006) mit Will Smith und Jaden Smith°
- *127 h* (2010) mit James Franco°

Lebenskraft/Enthusiasmus (Zest, Vitality)

Diese Charakterstärke hat die höchste Korrelation mit Lebenszufriedenheit.

Menschen mit dieser Stärke sind lebendig und fit. Sie sprühen geradezu vor Lebensenergie. Diese starke Vitalität ist sowohl physisch als auch psychisch wahrnehmbar. Sie begeistern sich gerne für Dinge und können auch andere mit ihrer Begeisterung anstecken. Personen mit Tatendrang können ihre Ideen auf den Weg bringen und am Laufen halten. Sie können gut motivieren, da sie selber intrinsisch motiviert sind. Neue Aufgaben werden von ihnen gerne angenommen, und sie treiben gerne Dinge oder Projekte voran, getragen von ihrer Begeisterung und Vitalität.

Diese Vitalität wird körperlich durch eine gesunde Lebensweise (kein Rauchen, nicht zu viel Alkohol etc.) unterstützt, aber auch durch Bewegung, möglichst in der Natur. Die psychische Vitalität wird gestärkt durch Autonomie, Selbstwirksamkeit und Verbundenheit mit anderen. Entsprechend wirken sich Konflikte, Spannungen und Stress negativ auf den Enthusiasmus aus.

Wird der Enthusiasmus übertrieben, kann sich derjenige schnell verausgaben und läuft Gefahr, sich zu erschöpfen. Es kann allerdings auch passieren, dass diese Person ihr Umfeld überfordert und durch ihre Begeisterung anderen keinen Raum mehr lässt. In stark übersteigerter Form wirken diese Menschen hyperaktiv. Nicht jeder kann mit dem hohen Energielevel anderer umgehen. Ist diese Stärke zu wenig ausgeprägt, dann wirkt derjenige träge, müde und antriebslos.

Übungen für den Alltag:

- Treiben Sie zwei bis drei Mal die Woche Sport und beobachten Sie, wie das Ihr Energielevel beeinflusst. Entwickeln Sie eine Routine, die es Ihnen ermöglicht dranzubleiben.*
- Verbessern Sie Ihre Schlafgewohnheiten, indem Sie regelmäßige Schlafzeiten einhalten, drei bis vier Stunden vor dem Schlafen nichts mehr essen, im Bett nicht arbeiten und abends keine koffeinhaltigen Getränke trinken. Beobachten Sie, wie sich diese Änderungen auf Ihr Energielevel auswirken.*
- Nehmen Sie sich Zeit, Ihre nächsten beiden Erfolge bewusst zu feiern. Laden Sie andere dazu ein, ohne dabei überheblich zu werden

Warum ist diese Stärke wichtig?
Enthusiastische Menschen sind oft die treibende Kraft in einer Gemeinschaft oder Gruppe. Sie sind begeistert und können begeistern. Sie sorgen für gute Stimmung und geben Impulse. Allerdings wäre es gut, wenn diese Menschen von jemandem unterstützt werden, der Ausdauer als Charakterstärke hat, damit er sich nicht zu leicht verausgabt.

Wie andere Sie wahrnehmen:
- Lebendig, energetisch, emotional

Filme zu dieser Charakterstärke:
- *The Artist* (2011) mit Jean Dujardin und Bérénice Bejo°
- *Pleasantville – Zu schön, um wahr zu sein* (1998) mit Reese Witherspoon und Tobey Maguire°

Freundlichkeit (Kindness)

Freundlichkeit versteht sich in unserem Kontext als eine positive Einstellung den anderen gegenüber. Jemand mit dieser Stärke geht davon aus, dass jeder Mensch respektiert und wertgeschätzt werden sollte. Sie sind aus diesem Grund auch äußerst hilfsbereit und großzügig, nicht nur bei Personen, die sie kennen, sondern auch gegenüber völlig Fremden. Dabei ist es ganz gleich, ob es sich um einen großen oder kleinen Gefallen handelt. Diese Menschen sind freundlich aus Wertschätzung dem anderen gegenüber. Weil es Ihnen einfach guttut, andere glücklich zu sehen.

Dabei ist die Freiwilligkeit, mit der eine Freundlichkeit durchgeführt wird, wesentlich. Es wird zwischen der freiwilligen Hilfe und der unfreiwilligen Hilfe (helfen, weil es sich so gehört oder weil man eine Gegenleistung erwartet) unterschieden. Die Sozialforschung zeigt: Widerfährt jemandem eine unfreiwillige Hilfe, konnte bei demjenigen, dem geholfen wurde, ein niedrigeres Wohlempfinden festgestellt werden als bei freiwilliger Hilfe. Bisweilen ist es sogar besser, nichts zu tun, als halbherzig zu helfen.

Auch die Freundlichkeit sich selbst gegenüber spielt dabei eine wichtig Rolle. Die Psychologin Kristin Neff hat festgestellt, dass kritische Selbstgespräche eine ähnliche Gehirnaktivität erzeugen wie ein Kritikgespräch mit jemand anderem (Neff 2012). Und nur wer selbst gut für sich sorgen kann, kann auch gut für andere sorgen.

Menschen, bei denen diese Stärke weniger ausgeprägt ist, werden eher als egoistisch, selbstbezogen oder kleinlich beschrieben. Sie sind bisweilen auch hilfsbereit, haben aber dabei eher eigene Ziele im Kopf. Sollte jemand diese Stärke übertreiben, kann es schnell passieren, dass er oder sie ausgenutzt und die Hilfsbereitschaft missbraucht wird. Es kann ebenso sein, dass die Person für das Gegenüber aufdringlich wirkt.

Übungen für den Alltag:

- Überraschen Sie drei Mal die Woche Menschen, die Sie kennen, mit einer besonders freundlichen Geste (ein Essen kochen, für den Nachbarn einkaufen etc.)*
- Prüfen Sie bei Ihren schriftlichen Kontakten (gerade bei E-Mail oder Kurznachrichten), ob es möglicherweise noch wertschätzendere Worte oder liebevolle Anmerkungen geben könnte.*
- Machen Sie Geschenke, die mit Erlebnissen verbunden sind (zum Beispiel Gutscheine für eine Wanderung, eine Dauerkarte für das Schwimmbad, Tickets für eine Ausstellung).*

Warum ist diese Stärke wichtig:
Für unsere Gemeinschaft ist gegenseitige Unterstützung wichtig. Wir alle kommen immer wieder in Situationen, in denen wir Hilfe brauchen, sei es physischer oder psychischer Natur. Menschen mit dieser Stärke sind dann zur Seite und können uns helfen. Sie verstärken die Gemeinschaft und sind gut für einen kooperativen Teamgeist.

Wie andere Sie wahrnehmen:
- Zugewandt, hilfsbereit, sozial

Filme zu dieser Charakterstärke:
- *Blind Side – Die große Chance* (2009) mit Sandra Bullock und Quinton Aaron°
- *Die fabelhafte Welt der Amélie* (2001) mit Audrey Tautou und Mathieu Kassovitz°

Bindungsfähigkeit (Love)

Bindungsfähigkeit ist eine Stärke, die auf sehr natürliche Weise einem jeden von uns gegeben ist. Wir suchen Nähe und Beziehungen. Menschen mit einer Stärke in diesem Bereich haben die Möglichkeit zu lieben – und auch Liebe annehmen zu können. Diesen Menschen sind tiefe, verbindliche Beziehungen wichtig. Sie suchen die Nähe zu anderen, um sich dort Sicherheit und Kraft zu holen, und können eben das auch zurückgeben. Diese Beziehungen sind von, gegenseitigem Respekt und Wertschätzung geprägt, aber auch von Hilfsbereitschaft und der Akzeptanz von Verpflichtungen.

Beziehungsfähigkeit gilt sowohl für romantische Liebesbeziehungen, als auch für kameradschaftliche, familiäre oder berufliche Beziehungen. Für das Überleben der Menschheit war Bindungsfähigkeit von größter Bedeutung. Sowohl hinsichtlich der Fortpflanzung als auch bezüglich des gemeinschaftlichen Versorgens. Mittlerweile zeigen auch biologische Untersuchungen, wie wichtig für den Menschen soziale Beziehungen sind. Oxytozin ist ein Botenstoff, der mittlerweile als „Beziehungshormon" gilt. Er wird aktiv und motiviert uns, wenn wir Menschen sehen, die uns wichtig sind.

Eine zu stark ausgeprägte Beziehungsfähigkeit kann jedoch dazu führen, dass versucht wird, den Partner sehr eng an sich zu binden. Dadurch bekommt der Partner nicht mehr genügend Freiraum, sich zu entwickeln. Ist diese Stärke allerdings zu wenig vorhanden, erscheinen uns diese Menschen manchmal kühl, abweisend oder oberflächlich. Wir kommen nicht richtig an sie heran, eine gewisse Distanz bleibt immer bestehen.

Übungen für den Alltag:

- Erklären Sie den Menschen, die Ihnen am Herzen liegen, dass Ihre Liebe zu ihnen bedingungslos ist – ganz egal, was sie im Einzelnen gut oder schlecht machen.*

> - Leben Sie Ihre Liebe auf eine kreative Art aus, sei es mit einem Gedicht, einer besonders emotionalen Nachricht oder einem charmanten Witz. Suchen Sie nach Fotos oder Musikstücken, die den Ursprung ihrer Liebe zeigen oder symbolisieren.*
> - Gehen Sie in ein Konzert, Theater oder Kino mit dem Menschen, den Sie lieben. Oder tun Sie etwas gemeinsam, das Sie noch nie oder schon lange nicht mehr getan haben.*

Warum ist diese Stärke wichtig?
Jeder Einzelne ist auf Mitmenschen angewiesen. Es ist wichtig, zumindest ein paar Personen in unserem Umfeld zu haben, auf die wir uns bedingungslos verlassen können und die uns Sicherheit geben. Dabei sind die Bedürfnisse diesbezüglich sehr unterschiedlich. Für manche Menschen sind wenige Beziehungen oder sogar nur eine tiefe Liebe sehr befriedigend, andere haben das Bedürfnis nach einem großen Freundeskreis. Für qualitativ wertvolle Beziehungen ist die Beziehungsfähigkeit eine wichtige Stärke.

Wie andere Sie wahrnehmen:
- Offen, interessiert, wertschätzend, verlässlich

Filme zu dieser Charakterstärke:
- *Der englische Patient* (1996) mit Ralph Fiennes und Juliette Binoche*
- *Slumdog Millionär* (2008) mit Dev Patel und Freida Pinto°

Soziale Intelligenz (Social Intelligence)

Wer diese Stärke hat, verfügt über eine herausragende Wahrnehmungsfähigkeit bezüglich der Emotionen und Bedürfnisse anderer (und auch von sich selbst). Ähnlich wie bei der Empathie haben Menschen mit sozialer Intelligenz die Fähigkeit, sich gut in andere hineinversetzen zu können. Sie sind aber auch in der Lage in abstrakter Weise Muster erkennen oder Zuordnungen machen. Sie sehen nicht nur den anderen, sondern können erfassen, wie andere in ihrem Umfeld funktionieren. Es bündeln sich hier die personale Kompetenz (das Wissen über die eigenen Bedürfnisse und Wünsche), die emotionale Intelligenz (der konstruktive und bewusste Umgang mit Emotionen) und gesellschaftliches Wissen (die gute Wahrnehmung von sozialen Interaktionen).

Sie haben eine hohe soziale Anpassungsfähigkeit und ein gutes Gespür für die Wechselwirkungen in den zwischenmenschlichen Beziehungen.

Biologisch gesehen sind die Spiegelneuronen für diese schnelle Wahrnehmung verantwortlich. Sie entwickeln aus vielen kleinen Wahrnehmungen ein assoziiertes Bild. Dadurch sind wir Menschen in der Lage, gewisse Handlungen zu erahnen. Diese Fähigkeit ermöglicht es uns, bei Gefahr schneller auszuweichen – und bei anderen Menschen Bedürfnisse und Emotionen frühzeitig zu erkennen.

Ist diese Stärke im übertriebenem Maß vorhanden, werden zu viele Informationen in den anderen gelesen und interpretiert und dadurch wiederum auch ein falsches Bild konstruiert. Andere Personen werden dann nicht mehr richtig oder verzerrt wahrgenommen.

Menschen, bei denen diese Stärke nicht sehr ausgeprägt ist, können nicht wahrnehmen, was gerade beim anderen los ist. Gerne tappen Sie in Fettnäpfchen und äußern sich zum falschen Zeitpunkt oder mit den falschen Worten.

Übungen für den Alltag:

- Wenn Sie sich über jemanden ärgern, versuchen Sie, zumindest eine positive Eigenschaft des anderen zu erkennen.*
- Achten Sie auf die guten Ideen oder Anmerkungen von anderen, und loben Sie die Person dafür.*
- Fragen Sie jemanden, der Ihnen nahesteht, wann er sich emotional nicht von Ihnen verstanden fühlte. Fragen Sie auch, welche Reaktion besser und hilfreicher gewesen wäre.*

Warum ist diese Stärke wichtig?
Gerade in Zeiten von Teamarbeit, Sharing Communities und flexiblen Organisationen ist diese Qualität von besonderer Bedeutung. Eine gute Wahrnehmung seines sozialen Umfeldes ist neben dem Fachwissen längst nicht nur eine Kernkompetenz in unserer modernen Arbeitswelt. Die Fähigkeit, Details wahrzunehmen und richtig interpretieren zu können, ist die Grundlage unseres gesamten menschlichen Miteinanders. Im Rahmen von interkulturellen Teams ist diese Wahrnehmungsleistung schwieriger, da Signale unterschiedlich interpretiert und verstanden werden.

Wie andere Sie wahrnehmen:
- Wertschätzend, offen, verbindend, kooperativ

Filme:

- *Enttarnt – Verrat auf höchster Ebene* (2007) mit Chris Cooper, Ryan Phillippe und Laura Linney°
- *Gottes vergessene Kinder* (1986) mit William Hurt und Marlee Matlin*

Teamfähigkeit (Teamwork)

Teamwork als Charakterstärke haben all jene Menschen, denen das „Wir" ebenso wichtig ist wie das „Ich". Diese Personen zeichnen sich durch eine hohe Loyalität gegenüber ihrem Team beziehungsweise ihrer Gruppe aus. Sie sind gerne bereit, ihr persönliches Bedürfnis zurückzustellen, damit sich der Teamgeist ungestört entwickeln kann. Solche Teamplayer sind ungeheuer hilfreich, wenn es um eine zielgerichtete Zusammenarbeit geht. Diese Menschen genießen es, in einer Gruppe zu arbeiten. Sind sie gut mit den anderen Teammitgliedern verbunden, sind sie wesentlich kreativer, produktiver und effektiver. Durch das Gemeinschaftsgefühl fühlen sich diese Menschen aktiviert. Sie übernehmen Verantwortung und verbinden ihr persönliches Wohlbefinden mit dem Wohlbefinden der Gruppe und engagieren sich für Aktivitäten, die die Arbeitsatmosphäre steigern. Es gilt allerdings auch umgekehrt, dass eine schlechte Gruppenatmosphäre diese Menschen in ihrer Leistungsfähigkeit einschränkt.

Sie können gut mit einer gemeinschaftlichen Entscheidung umgehen, auch wenn diese ihrer eigenen Meinung widerspricht. Gruppen die von gegenseitiger Verbundenheit und Wertschätzung des anderen geprägt sind fördern diese Stärke.

In übertriebenem Maße definiert sich die Person nur noch über die Gruppe und stellt deren Bedürfnisse über die eigenen. Es kann auch sein, dass in Gruppen, die diese Haltung zu sehr leben, Newcomer unerwünscht sind oder Außenseiter nicht integriert werden. Menschen mit einer niedrig ausgeprägten Teamfähigkeit können sich kaum in Gruppen integrieren, Sie werden oft als egoistisch bezeichnet.

Übungen für den Alltag:

- Hören Sie einem Freund oder Kollegen zu, ohne gleich innerlich eine Antwort vorzubereiten, sondern reflektieren Sie nur Ihre Gefühle, nach dem der andere fertig ist. Warten Sie nicht nur auf den Moment, in dem Sie losreden können.*
- Nehmen Sie die guten Eigenschaften von jemandem wahr, und verbalisieren Sie demjenigen gegenüber Ihre Gedanken.*

• Gestalten Sie einen Gemeinschaftsplatz, indem Sie diese Räumlichkeiten streichen, dort Blumen pflanzen oder Bilder aufhängen. Fragen Sie allerdings vorher, falls Sie bleibende Veränderungen vornehmen.*

Warum ist diese Stärke wichtig?

Im heutigen Arbeitskontext wird Teamarbeit immer wichtiger. Immer wieder werden Teamfähigkeit und Flexibilität von den Mitarbeitern erwartet. Da ist es von großem Vorteil, wenn jemand die hier beschriebenen Fähigkeiten beherrscht. Aber auch im privaten Umfeld sind diese Menschen für das soziale Miteinander wichtig, da sie das Gemeinschaftsgefühl erhalten oder wachrufen können.

Wie andere Sie wahrnehmen:
• Kollegial, hilfsbereit, unterstützend

Filme zu dieser Charakterstärke:
• *Forrester – Gefunden!* (2000) mit Sean Connery und Rob Brown*
• *L.A. Confidential* (1997) mit Kim Basinger und Russell Crowe°

Führungsvermögen (Leadership)

Führungsvermögen bedeutet, eine Gruppe zu motivieren und anzuleiten, einen gemeinsamen Erfolg zu erzielen. Dies kann durch Einflussnahme oder auch durch Planungs- und Organisationstalent erfolgen. Menschen, die diese Fähigkeit haben, nehmen gerne eine dominante Rolle in einem Team ein. Sie können den Führungsbedarf in einer Gruppe erkennen und erfüllen. Führungsvermögen kann sich in zwei unterschiedlichen Kompetenzen ausdrücken: Einerseits in der Fähigkeit, eine gemeinschaftliche Handlungsrichtung zu definieren, zu identifizieren, zu etablieren oder zu planen. Andererseits in der Umsetzung, bei der die Person mit Führungsvermögen durch Motivation und Unterstützung die Gruppe dazu bringt, das gemeinsame Ziel auch tatsächlich zu erreichen.

Dabei haben Menschen mit dieser Stärke die Möglichkeit, unterschiedlichste Meinungen und Charaktere zusammenzubringen und damit zu einer konstruktiven und guten Arbeitsatmosphäre beizutragen.

Wird diese Stärke überbetont, kann ein zu dominanter Führungsstil entstehen. Nicht mehr das allgemeine Wohl der Gruppe steht im Vordergrund, sondern das Erreichen der persönlichen Ziele. Menschen mit einem geringen Führungsvermögen neigen eher dazu, ein Teil der Gruppe zu sein, aber nicht wirklich die Verantwortung für die Gemeinschaft zu übernehmen. Oft ist das gepaart mit der Schwierigkeit, auf unterschiedliche Menschentypen und Meinungen einzugehen.

Übungen für den Alltag:

- Organisieren Sie eine Veranstaltung – zum Beispiel eine Familienfeier, eine Firmenveranstaltung oder ein Straßenfest in der Nachbarschaft. Hierbei gibt es viele Gelegenheiten zu führen. Es bietet auch Möglichkeit, die anderen in die Arbeit zu integrieren und Menschen aus Ihrem Umfeld besser kennenzulernen.*
- Geben Sie die Führung eines Meetings an Ihren Mitarbeiter ab, und tauschen Sie sich danach mit ihm über die Erfahrungen aus.*
- Achten Sie beim nächsten Zusammentreffen von Freunden und Kollegen auf die Personen, die weniger kommunikativ sind. Motivieren Sie diese Teilnehmer zu einem Gespräch.*

Warum ist diese Stärke wichtig?
Führungsvermögen ist in Organisationen eine wichtige Fähigkeit für das Voranbringen von Projekten und Aufgaben. Deshalb ist diese Stärke eine wichtige Komponente für das berufliche Fortkommen. Aber auch in nicht beruflichen Kontexten ist es immer wieder unabdingbar, jemanden in der Gruppe zu haben, der sich „den Hut aufsetzt" und das Team voranbringt.

Wie andere Sie wahrnehmen:
- Charismatisch, dominant, selbstbewusst, entschieden, souverän

Filme zu dieser Charakterstärke:
- *Der mit dem Wolf tanzt* (1990) mit Kevin Costner*
- *Invictus – Unbezwungen* (2009) mit Morgan Freeman und Matt Damon°

Fairness (Fairness)

Es gibt unterschiedliche Auffassungen von Fairness. Die Psychologen Christopher Peterson und Martin Seligman unterscheiden vor allem zwischen der „juristischen Fairness" und der „fürsorglichen Fairness". Unter der juristischen Fairness verstehen sie quasi alles, was regelkonform ist. Regeln werden so gestaltet, dass es für alle ähnlich fair ist, sozusagen eine „law and order"-Mentalität. Die fürsorgliche Fairness wiederum bezieht sich eher auf ethische oder moralische Werte. Während die einen sagen: „Fair ist, wenn jeder das bekommt, was er dazu beigetragen hat", sagt ein anderer: „Fair ist, wenn alle das Gleiche bekommen". Beide Interpretationen von Fairness sind richtig. Als Charakterstärke ist vor allem Fairness im Sinne von Fürsorge gemeint.

Menschen mit dieser Stärke gehen davon aus, dass alle Menschen wirklich gleichberechtigt sind, unabhängig vom sozialen Status, Wissensstand oder Herkunft. Diese Stärke ist unmittelbar mit dem Thema Gerechtigkeit verbunden, und es wäre für diese Personen ein Gräuel, jemanden zu bevorzugen. Sie verstehen es, möglichst neutral zu bleiben und sind durchaus in der Lage, auch mal einen Fehler einzugestehen oder sich auf einen Kompromiss einzulassen.

Ist diese Stärke zu ausgeprägt, kommt die Person in innere Konflikte, da eine ideale Fairness nicht immer möglich ist. Es kann auch sein, dass sie den großen Überblick, das große Ganze aus den Augen verliert. Menschen, bei denen diese Stärke kaum ausgeprägt ist, zeigen sich hingegen in ihrem Denken, Erleben und Handeln gegenüber anderen Personen inkonsistent und haben oft Vorurteile. Sie ergreifen schnell Partei für eine Seite und können sich leicht in einer Vetternwirtschaft verbandeln.

Übungen für den Alltag:

- Informieren Sie sich über Organisationen, die sich für mehr menschliche Gerechtigkeit einsetzen, unterstützen Sie diese, oder engagieren Sie sich selbst.*
- Überprüfen Sie Ihre Einstellung hinsichtlich anderer Kulturen oder Religionen. Wo neigen Sie noch zu Stereotypen? Wenn Sie mit Menschen unterschiedlicher Herkunft zusammen sind, erinnern Sie sich daran, dass es unterschiedliche Meinungen und unterschiedlichen Glauben gibt.*
- Erinnern Sie sich an Situationen, in denen Sie unfair gehandelt haben oder hätten fairer sein können. Schreiben Sie diese auf, und überlegen Sie sich, wie Sie das nächste Mal besser handeln können.*

Warum ist diese Stärke wichtig?
Fairness ist in unserer heutigen Gesellschaft ein sehr wichtiger und anerkannter Wert.

Die Fähigkeit, eine Situation aus unterschiedlichen Perspektiven wahrzunehmen und alle gleich zu behandeln, ist eine Gabe, die gerade im unternehmerischen Kontext sehr hilfreich sein kann, da sie eine gewisse Neutralität gewährleistet.

Die Bereitschaft, einen Perspektivenwechsel bewusst einzunehmen, erzeugt bei dem Gegenüber häufig Vertrauen. Außerdem hilft Ihnen diese Stärke, eine bessere Selbstwahrnehmung und Selbstreflexion zu erlangen. Sie bringt uns auch dazu, positive und sozial verträgliche Akzente zu setzen – und bremst illegales oder unmoralisches Verhalten.

Wie andere Sie wahrnehmen:
- Wertschätzend, loyal, objektiv, gerecht

Filme zu dieser Charakterstärke:
- *Philadelphia* (1993) mit Tom Hanks und Denzel Washington*
- *In einer besseren Welt* (2010) mit Mikael Persbrandt und Trine Dyrholm°

Vergebungsbereitschaft (Forgiveness)

Vergebungsbereitschaft – das beschreibt die Fähigkeit, Menschen, die einem etwas Negatives zugefügt oder einen verletzt haben, zu verzeihen. Damit ist nicht die große Geste der Versöhnung gemeint, um möglichst kurzfristig wieder eine gute Beziehung herzustellen, sondern innerlich demjenigen wirklich zu vergeben. Diese Stärke ist stark verbunden mit Mitgefühl und Freundlichkeit. Menschen mit dieser Stärke sind bereit, anderen eine neue Chance zu geben.

Vor allem zwei Faktoren haben entscheidenden Einfluss darauf, wie leicht es uns fällt, jemandem zu verzeihen: Einerseits die Nähe der Beziehung. Einem Kind oder einem geliebten Menschen können wir schneller verzeihen als einer fremden Person. Außerdem ist die Absicht, die jemand hatte, von enormer Bedeutung. Geschah etwas versehentlich, können wir naturgemäß viel leichter verzeihen, als wenn wir den wahren Grund für ein Fehlverhalten gar nicht kennen oder noch viel schlimmer: Es in voller Absicht geschah.

Bei Menschen mit einer hohen Vergebungsbereitschaft nimmt der Wunsch nach Vergeltung oder Rache schneller ab. Das Vergeben hilft vor allem auch dem eigenen Seelenheil. Nelson Mandela sagte einmal: „Vergebung befreit die Seele, sie nimmt die Furcht, deshalb ist sie eine derart mächtige Waffe."[1] Wenn wir wirklich vergeben können, ist es eine Befreiung für die Seele. Deshalb wird

---

[1] http://blogs.shu.edu/diplomacyresearch/2013/12/11/an-exemplar-of-forgiving-prisoner-nelson-mandela/.

Vergebungsbereitschaft als wichtige Stärke für Resilienz eingestuft – also die Fähigkeit, Krisen zu bewältigen und sie als Anlass für Entwicklungen zu begreifen.

Wird diese Stärke jedoch übertrieben, kann es passieren, dass die Person sich mehr gefallen lässt, als es ihr guttut – sie kann dann schlecht Grenzen setzen. Ist diese Stärke zu schwach ausgeprägt, sind Menschen nachtragend, kaltherzig und rachsüchtig. Es fällt ihnen schwer, die Vergangenheit ruhen zu lassen, sie sind oft voller Traurigkeit oder Wut.

> Übungen für den Alltag:
>
> - Denken Sie an eine Erfahrung, als Sie jemanden beleidigt haben und Ihnen diese Beleidigung vergeben wurde. Geben Sie dieses Geschenk weiter! Bitten Sie nicht um eine Entschuldigung.*
> - Beobachten Sie Ihre Gefühle bevor und nachdem Sie jemandem vergeben haben. Vergleichen Sie dieses Gefühl mit dem Zustand, in dem Sie Ihren Groll bewahrt haben.*
> - Treffen Sie sich mit jemandem, der Sie einmal beleidigt hat, insbesondere wenn es ein Familienmitglied ist. Sagen Sie der Person, dass Sie ihr verzeihen, oder behandeln Sie diese einfach nur nett.*

Warum ist diese Stärke wichtig?
Jeder von uns macht Fehler – immer und immer wieder. Deshalb sind wir auf ein gnädiges Urteil unserer Mitmenschen angewiesen. Die Vergebungsbereitschaft ermöglich zum einen ein friedvolles Miteinander, aber auch ein Verarbeiten von schwierigen oder schlechten Erfahrungen. Deshalb ist sie sowohl für die Gemeinschaft als auch für die individuelle Weiterentwicklung sehr bedeutend.

Wie andere Sie wahrnehmen:
- Friedfertig, geduldig, freundlich, tolerant

Filme zu dieser Charakterstärke:
- *Das Glücksprinzip* (2000) mit Haley Joel Osment, Kevin Spacey und Helen Hunt*
- *Eine wahre Geschichte – The Straight Story* (1999) mit Richard Farnsworth und Sissy Spacek°

Bescheidenheit (Humility/Modesty)

Bescheidenheit ist eine Stärke, die auf den ersten Blick nicht besonders erstrebenswert wirkt – in einer Zeit, in der Selbstdarstellung und Selbstbewusstsein scheinbar als überaus positiv bewertet werden. Menschen aber, die Bescheidenheit als besondere Stärke haben, sind in der Lage, ihre eigenen Fähigkeiten, aber eben auch Fehler und Schwächen gut einzuschätzen. Und auch wenn sie es nicht anstreben, dauernd im Mittelpunkt zu stehen, bedeutet dies keineswegs eine geringere Ausprägung ihrer Kompetenzen.

Wer Bescheidenheit lebt, dem ist das Gemeinschaftswohl wichtiger als die Selbstdarstellung. Bescheidene Menschen fühlen sich als Teil von einem Ganzen. Sie sind offen für die Meinungen und Hinweise anderer und haben ein realistisches Bild von sich selbst. Dadurch vermeiden sie auch größere Risiken oder zu hoch gesteckte Ziele. Viel mehr sind sie in der Lage, Ziele so einzuschätzen, dass sie zuverlässig und sicher erreicht werden können.

Ist diese Stärke jedoch zu stark entwickelt, kann es passieren, dass diese Personen nicht angemessen wahrgenommen und ihre Fähigkeiten schlicht übersehen werden. Sie haben zudem oft Schwierigkeiten, Lob und Aufmerksamkeit anzunehmen. Sollte die Bescheidenheit allerdings zu schwach ausgeprägt sein, führt der Weg schnell in Richtung Arroganz und Egozentrik. Diese Menschen neigen dazu, ihre Taten und Erfolge besonders hervorzuheben und häufig davon zu erzählen.

Übungen für den Alltag:

- Verzichten Sie für eine Woche darauf, mit Ihren Erfolgen aufzutrumpfen. Beobachten Sie die Veränderungen in Ihren zwischenmenschlichen Beziehungen.*
- Überlegen Sie am Ende eines Tages, was Sie gemacht haben, um jemanden besonders zu beeindrucken. Versuchen Sie, dieses Verhalten in nächster Zeit seltener zu zeigen.*
- Nehmen Sie eine umweltschonende Haltung ein, die unsere natürlichen Ressourcen schützt. Sie können dafür Recyclingprodukte verwenden oder aber auch auf den Konsum von umweltschädlichen Erzeugnisse verzichten oder einfach weniger konsumieren.*

Warum ist diese Stärke wichtig?
Bescheidene Menschen bereichern unseren Alltag sehr. Wir alle mögen keine Angeber und Narzissten, die uns immer erzählen, wie toll sie sind. Hinzu kommt,

dass Bescheidenheit die meisten Menschen glücklich und zufrieden macht. Sie fühlen sich frei und unabhängig. Und sind häufig frei von Neid.

Wie andere Sie wahrnehmen:
• Ruhig, stabil, beständig, reflektiert, zurückhaltend

Filme zu dieser Charakterstärke:
• *Gandhi* (1982) mit Ben Kingsley*
• *Rain Man* (1988) mit Dustin Hoffman und Tom Cruise°

Umsicht/Vorsicht (Prudence)

Die Umsicht ist eine kluge und sehr hilfreiche Charakterstärke. Umsichtige Menschen sind in der Lage, kurzfristigen Verlockungen gut widerstehen zu können – sie bilden leichter eine reflektierte, aber pragmatische Denkweise aus. Sie sind in der Lage, Nutzen und Gefahren abzuwägen und haben dadurch eine vernünftige und sichere Entscheidungsgrundlage. Die Umsicht ermöglicht es, langfristige Ziele nicht aus dem Blick zu verlieren.

Umsichtige Menschen sind durchaus spontan und flexibel. Sie lassen sich auf vieles ein, vermeiden jedoch immer den Exzess. Das lässt sie manchmal vernünftig und rational erscheinen. Unterschiedliche Ziele in eine stabile und schlüssige Lebensform zu integrieren, fällt diesen Menschen leicht. Sie haben häufig auch eine ausgeprägte Vorstellungskraft und können mit Widersprüchen gut umgehen. Sie sorgen vor, sparen und denken frühzeitig an möglicherweise auftretende Probleme.

Eine übertriebene Form der Umsicht lässt Menschen ängstlich und sehr zurückhaltend wirken. Sie vermeiden unnötiges Risiko und wägen verschiedene Optionen zu genau ab. Menschen, die diese Stärke weniger haben, sind leichter ablenkbar und eher risikofreudig, bis hin zur Rücksichtslosigkeit. Sie agieren schnell unverantwortlich und machen sich selten Gedanken über die Auswirkungen ihres Verhaltens. Sie sind impulsiv.

Übungen für den Alltag:

• Denken Sie zwei Mal nach bevor Sie etwas sagen. Üben Sie das mehrfach die Woche und beobachten Sie, was anders ist, wenn Sie dies tun.*

- Treffen Sie wichtige Entscheidungen, wenn Sie entspannt sind, und nicht, wenn Sie Angst haben oder deprimiert sind. Wenn Sie sich unter Druck entscheiden müssen, atmen Sie erst ein paarmal tief durch, um Ihren Verstand zu beruhigen.*
- Vermeiden Sie kompetitive Situationen, die auf ein „win-loss"- Ergebnis hinauslaufen, oder in denen Sie oder Ihre Gegenüber wenige Chancen haben zu gewinnen. Suchen Sie stattdessen nach Situationen, in denen Kooperationen möglich sind oder „win-win"-Ergebnisse.*

Warum ist diese Stärke wichtig?

Angesichts unserer gesellschaftlichen Tendenz zu Kurzlebigkeit und Schnelligkeit sind die Ausrichtung auf langfristige Ziele und das Einbeziehen von potenziellen Einflussfaktoren wichtige Fähigkeiten, die in einer Gemeinschaft dazu führen können, dass Kontinuität und Stabilität gewährleistet sind. Menschen, die Umsicht als Charakterstärke haben, sind engagiert und zielorientiert Mitarbeiter. Sie zeigen dabei häufig sehr gute strategische Vorgehensweisen.

Wie andere Sie wahrnehmen:
- Weise, pragmatisch, sensibel, ausgeglichen, planvoll, achtsam, behutsam

Filme zu dieser Charakterstärke:
- *Verblendung* (2011) mit Rooney Mara und Daniel Craig°
- *Die Queen* (2006) mit Helen Mirren, Michael Sheen und James Cromwell°

Selbstregulation (Self-regulation)

Dieses Merkmal ist von allen Charakterstärken die unbeliebteste. Sie erscheint trocken und rigide. Doch gerade in der heutigen Zeit, in der wir Menschen ständig inneren und äußeren Stimuli ausgesetzt sind, ist Selbstkontrolle eine wichtige Charakterstärke. Einige Stimuli lösen bewusst oder unbewusst bei uns gewisse Reaktionen aus, von Ekel über Trauer, von Wut über Zuneigung. Häufig aber überspielen wir diese ersten Impulse – aus den unterschiedlichsten Gründen. Jene Menschen, die Selbstkontrolle als Stärke haben, können den nicht immer positiven oder zielführenden Impulsen besonders gut widerstehen.

Sie sind in der Lage, Gedanken gut zentrieren und Sehnsüchten widerstehen zu können. Wir alle haben diese Fähigkeit mehr oder weniger. Wenn wir an einem kalten Wintermorgen einfach nicht aufstehen wollen, tun wir es meistens dennoch – weil wir zur Arbeit oder die Kinder in die Schule müssen. Wir widerstehen unserem ersten Impuls im Bett liegen bleiben zu wollen.

Seinen Wünschen und Bedürfnissen unmittelbar nachzugehen, ist ein Zeichen von niedriger Selbstkontrolle. Diese Menschen gelten als undiszipliniert und lassen sich leicht von kurzfristigen Ereignissen ablenken. Ist die Selbstkontrolle zu groß, erscheinen sie gehemmt und steif. Eine überzogene Selbstdisziplin ist die Folge.

> Übungen für den Alltag:
>
> - Setzen Sie sich kleine, alltägliche Ziele, und achten Sie darauf, diese auch umzusetzen.*
> - Achten Sie auf ihre biologische Uhr. Nutzen Sie die aktiven Phasen für die wichtigen Aufgaben, damit ihre Selbstregulation nicht zu anstrengend wird.*
> - Versuchen Sie, Ablenkungen durch Telefon, Fernseher oder Internet zu vermeiden, solange Sie eine Aufgabe zu Ende bringen müssen. Machen Sie immer wieder kleine Pausen, um sich nicht zu verausgaben.*

Warum ist diese Stärke wichtig?
Das Überangebot an Gütern und Möglichkeiten führt dazu, dass wir uns Wünsche immer häufiger unmittelbar erfüllen können. Filme können wir mittlerweile sofort und überall streamen, Bücher lassen sich digital herunterladen, Amazon liefert innerhalb eines Tages. Selbstkontrolle ist deshalb wichtig, um ein gesundes (Zeit-)Maß aufrechtzuerhalten. Das wachsende Bedürfnis nach Detox und Vereinfachung zeigt, dass unser Bedarf zunehmend gesättigt ist. Die Selbstkontrolle kann uns dabei helfen, Vorsätze und Ziele fokussiert zu erreichen und auf dem Weg dahin auch mal auf das eine oder andere zu verzichten.

Wie andere Sie wahrnehmen:
- Ruhig, selbstbestimmt, willensstark, diszipliniert

Filme zu dieser Charakterstärke:
- *Twilight* (2008) mit Robert Pattinson und Kristen Stewart°
- *Forrest Gump* (1994) mit Tom Hanks und Robin Wright°

Sinn für das Schöne und Gute (Appreciation of Beauty and Excellence)

Menschen mit dieser Stärke haben sich die Fähigkeit des Staunens erhalten. Wenn wir mit einem Kind einen Spaziergang machen, dann bleibt es an jeder Blume stehen, bestaunt jede Raupe und jedes ungewöhnliche Blatt. Ähnlich geht es Menschen mit einem ausgeprägten Sinn für das Schöne und Gute. Sie erkennen das Unbekannte und Mystische in den alltäglichen Dingen, aber auch das Außerordentliche bei menschlicher Leistung oder Tugendhaftigkeit. Sie können von einem guten Sportler genauso begeistert sein wie von einem schönen Musikstück, einem guten Essen oder einem besonders toleranten Menschen.

Für Menschen mit dieser Qualität ist ein schön gestaltetes Umfeld besonders wichtig, da sich erst darin ihre Energie und Kraft richtig entfalten können. Deshalb werden wir diese Personen häufig in besonders gestalteten Büros und Räumen mit einer besonderen Atmosphäre antreffen.

Wird diese Stärke übertrieben, dann wird nur noch nach Besonderheiten und Extremen gesucht und nicht mehr die Leistung erkannt, die manchmal in den ganz alltaglichen Dingen steckt. Auch Perfektionismus kann eine übertriebene Form dieser Stärke sein. Gerade Menschen, die sehr leistungsorientiert sind, vergessen gerne, was um sie herum geschieht. Die Wahrnehmung des Besonderen – an der eigenen Leistung, der Leistung anderer oder auch einer besonderen Umgebung – kann uns dann helfen, uns zu regenerieren.

Übungen für den Alltag:

- Achten Sie mindestens ein Mal am Tag auf die schönen Dinge, die Sie im Alltag umgeben (Sonnenaufgang, Wolken, Regentropfen, Früchte, Bäume etc.). Vergegenwärtigen Sie sich diese Bilder, wenn es Ihnen mal nicht so gut geht.*
- Erforschen Sie, was Schönheit in den verschiedenen Kulturen bedeutet. Gibt es Ähnlichkeiten? Und wenn nicht: Worin bestehen die Unterschiede?*
- Wählen Sie sich ein bis zwei Aktivitäten in der Woche aus, bei deren Umsetzung Sie den Aspekt der Schönheit miteinbeziehen wollen.°

Warum ist diese Stärke wichtig?

Diese Stärke ist vor allem in unserer dynamischen Zeit wichtig. Die Wahrnehmung unserer Umwelt und ihrer Besonderheiten ermöglicht es uns, mehr

Achtsamkeit und Bewusstsein in den Alltag zu bringen und sich dadurch kraftvoller und lebendiger zu fühlen. Erst durch die sinnliche Wahrnehmung unserer Umgebung können wir auch uns selbst wieder besser spüren.

Wie andere Sie wahrnehmen:
- Genießend, sensibel, lebendig, achtsam, dankbar

Filme zu dieser Charakterstärke:
- *American Beauty* (1999) mit Kevin Spacey, Mena Suvari und Thora Birch°
- *Midnight in Paris* (2011) mit Owen Wilson, Rachel McAdams und Marion Cotillard°

Dankbarkeit (Gratitude)

Bei Dankbarkeit als Charakterstärke geht es nicht bloß um eine Form von Höflichkeit, wenn jemand einem einen Gefallen getan hat oder wir ein Geschenk erhalten haben. Dankbarkeit meint in diesem Kontext die vielschichtige Dankbarkeit gegenüber einer Person, aber auch die transpersonale Dankbarkeit gegenüber einer höheren Kraft (sei es eine Religion, die Natur oder sonst eine übergeordnete Macht). Auffallend ist, dass Menschen, die eine starke Ausprägung von Dankbarkeit haben, nicht nur für die guten Momente dankbar sind, sondern auch für schwierige Zeiten. Deshalb nennt der Psychologe Robert Emmons Dankbarkeit auch kein Gefühl, sondern eher eine Haltung (Emmons 2015, S. 179 ff.). Die Dankbarkeit kann sich auf ganz alltägliche Dinge beziehen, wie beispielsweise ein gutes Essen, als auch gegenüber einem Künstler oder Forscher, der uns inspiriert hat, oder gegenüber dem Leben an sich.

Ist diese Stärke zu ausgeprägt, verlieren diese Personen das Gefühl ihrer eigenen Selbstwirksamkeit. Sie haben das Gefühl, dass alles, was im Leben geschieht, von anderen und äußeren Einflüssen abhängt. Menschen, die diese Stärke nur gering ausgeprägt haben, nehmen vieles, was ihnen im Leben widerfährt, für normal oder einfach gegeben an. Sie haben oft eine fordernde Haltung gegenüber anderen.

Übungen für den Alltag:

- Überlegen Sie, wem Sie Ihre Dankbarkeit ausdrücken können, dem sie das schon sehr lange einmal sagen wollten.*

- Achten Sie darauf, wie häufig Sie „Dankeschön" sagen. Versuchen Sie, Ihre Dankbarkeit differenzierter auszudrücken, indem Sie genauer beschreiben, für was Sie dankbar sind.*
- Bedanken Sie sich bei Menschen, die sonst selten ein dankbares Wort bekommen, wie der Postbote oder die Kassiererin.*

Warum ist diese Stärke wichtig?

Studien haben gezeigt, dass Gesellschaften, in denen Dankbarkeit eine zentrale Rolle spielt, von besonderer Stabilität sind. Dankbare Menschen sind meist höflich, der Umgang mit ihnen ist angenehm. Sie lehren uns Bescheidenheit und Rücksichtnahme und erinnern uns daran, dass wir Teil einer größeren Gemeinschaft sind.

Dankbarkeit gilt weithin als ein Zeichen von Zivilisation, das in sehr starkem Maße kulturübergreifend Bedeutung hat. In allen großen Religionen wird Dankbarkeit als erstrebenswerte Tugend beschrieben.

Wie andere Sie wahrnehmen:
- Bescheiden, wertschätzend, aufmerksam, höflich

Filme zu dieser Charakterstärke:
- *Und täglich grüßt das Murmeltier* (1993) mit Bill Murray und Andie MacDowell°
- *Grüne Tomaten* (1991) mit Kathy Bates und Mary-Louise Parker*

Hoffnung (Hope)

Mit Hoffnung wird ein positiver Glauben an die Zukunft beschrieben. Menschen mit dieser Stärke glauben auch in schwierigen Situationen an eine Wendung zum Guten. Häufig haben sie ein klares Ziel vor Augen und sind der festen Überzeugung, dass sie dieses Ziel auch erreichen werden. Sie engagieren sich und können mit Rückschlägen gut umgehen. Menschen, die Hoffnung haben, sind selbstbewusster, haben weniger Ängste, werden schneller gesund und kommen besser mit Rückschlägen zurecht.

Es gibt Experten, die zwischen Hoffnung und Optimismus unterscheiden. Hoffnung wird dann eher als ein Gefühl verstanden, das von einer positiven Ausrichtung auf ein bestimmtes Ziel ausgeht. Optimismus hingegen als geistige Haltung, die von Zielen unabhängig eine prinzipielle positive Grundhaltung beschreibt. Der optimistische Typ wird als aktiv und planend beschrieben. Der pessimistische Charakter hingegen ist rechtfertigend und vermeidet unsichere Situationen. Im Volksmund gelten Pessimisten als die besseren Realisten – im Kontext der Charakterstärken würde jedoch die Stärke Urteilsvermögen das realistische Denken besser beschreiben.

Menschen, die die Stärke Hoffnung nicht ausgeprägt haben, sind eher pessimistisch und erwarten von ihrer Zukunft nichts Gutes. Übertreibt man es allerdings mit dieser Stärke, entsteht der Eindruck, man habe immer eine rosa Brille auf und verschließe sich vor den Problemen des Lebens. Häufig werden Menschen, die eine ausgeprägte positive Hoffnung haben, als naiv bezeichnet.

Übungen für den Alltag:

- Schreiben Sie eine Liste auf von den Dingen, die in letzter Zeit nicht gut gelaufen sind. Versuchen Sie dann, für jeden Vorfall zwei gute Aspekte zu finden.*
- Achten Sie auf Ihre innere Stimme, welchen Mustern sie folgt und welchen Einfluss sie auf Ihren Erfolg hat. Prüfen Sie, ob Sie vielleicht einige der negativen Aussagen positiver formulieren können.*
- Schreiben Sie Situationen auf, in denen Sie eine Schwierigkeit oder ein Problem überwunden haben. Denken Sie daran, wenn Sie wieder mal vor einem Problem stehen.*

Warum ist diese Stärke wichtig?
Wir werden heutzutage in großem Umfang mit negativen Informationen überschüttet (nicht zuletzt gilt in der Medienlandschaft als Indikator für den Erfolg einer Meldung immer noch der Satz: „Bad news are good news"). Im Alltag begegnen uns ständig warnende und kritische Stimmen, die negative Entwicklungen vorhersehen. Positive, hoffnungsvolle Visionen hingegen sind seltener. Das hat vermutlich damit zu tun, dass man lieber positiv als negativ überrascht wird. Jedoch kann dieser Zustand auch lähmend wirken. Forschungsergebnisse haben gezeigt, dass Hoffnung eine sehr hohe Korrelation mit Lebenszufriedenheit hat. Hoffnung erzeugt eine positive Ausgangssituation, was uns wiederum einen erweiterten Handlungsspielraum ermöglicht.

Wie andere Sie wahrnehmen:
- Zuversichtlich, motivierend, positiv, vertrauend

Filme zu dieser Charakterstärke:
- *Good Will Hunting* (1997) mit Matt Damon, Ben Affleck und Robin Williams*
- *Verschollen* (2000) mit Tom Hanks°

Humor (Humor)

Humor ist, wenn man trotzdem lacht – schrieb schon im 19. Jahrhundert der deutsche Lyriker Otto Julius Bierbaum. Menschen mit Humor haben die Fähigkeit, schwierige Situationen mit Leichtigkeit und Witz zu entspannen. Sie können den unterschiedlichsten Situationen eine humorvolle Seite abgewinnen und können auch gerne mal über sich selber lachen. Sie suchen nach unterhaltsamen und leichten Momenten und nutzen den Humor auch zur persönlichen Entspannung.

Humor wird von Peterson und Seligman mit drei Elementen beschrieben:

1. das spielerische Wahrnehmen von Unstimmigkeiten,
2. heiterer Umgang mit Unterschieden und
3. die Fähigkeit, andere zum Lachen zu bringen.

Gerade das Lachen hat eine enorme Bedeutung für unser Wohlbefinden, es fördert den Abbau von Stress und stärkt unsere körperliche Gesundheit.[2] Lachen kann eine Gruppenzugehörigkeit ausdrücken und dabei helfen, negative Ereignisse besser zu verarbeiten. Umgekehrt kann Humor aber auch eine negative Seite haben. Ein bissiger Humor, das Auslachen oder der sogenannte Galgenhumor kann Menschen verletzen.

Menschen mit der Stärke Humor haben für all diese Dinge ein gutes Gespür. Sie haben eine hohe geistige Flexibilität, die ihnen erlaubt, Dinge zu verdrehen, neu zu sortieren oder zu vermischen. Humorvolle Menschen haben in der Regel einen hohen Grad an Lebenszufriedenheit.

Wer weniger Humor hat, wirkt eher missgelaunt, verdrießlich, möglicherweise auch langweilig oder zu ernsthaft. Manchmal kann eine solche Person eine regelrechte „Spaßbremse" sein. Hingegen kann ein zu stark ausgeübter Humor kindisch und lächerlich wirken.

---

[2]Im Bereich Humorforschung wurden viele Grundlagen an der Universität Zürich am Institut von Prof. Willibald Ruch erforscht.

Übungen für den Alltag:

- Suchen Sie in Ihrem Freundeskreis nach jemandem, der einen guten Sinn für Humor hat, und beobachten Sie, wie er seinen Humor in schwierigen Situationen oder bei schlechten Nachrichten einsetzt.*
- Lassen Sie Ihr „inneres Kind" mehr zum Zuge kommen. Machen Sie ab und zu Dinge, die Ihnen als Kind viel Spaß gemacht haben, wie zum Beispiel einen Schneemann bauen im Winter oder eine Wasserschlacht machen im Sommer.*
- Unternehmen Sie ein Mal im Monat mit Ihren Freunden oder Ihrer Familie etwas gemeinsam (zum Beispiel Wandern oder Bowling). Beobachten Sie dabei, wie gemeinsames Lachen den Gemeinschaftssinn verbessert.*

Warum ist diese Stärke wichtig?

Im Zeitalter von Optimierung und Perfektion fällt es zunehmend schwer, locker und leicht mit Fehlern und Missgeschicken umzugehen, die zwangsweise immer wieder vorkommen. Wie wunderbar ist es, solche Situationen humorvoll handhaben zu können! Gerade im beruflichen Kontext kann Humor eine hilfreiche Form sein, Spannung und Stress abzubauen und Missverständnisse zu klären. Ein gemeinsamer Sinn für Humor hat eine sehr verbindende und beziehungsaufbauende Komponente.

Wie andere Sie wahrnehmen:
- Leicht, beschwingt, geistreich, lustig, flexibel

Filme zu dieser Charakterstärke:
- *Patch Adams* (1998) mit Robin Williams*
- *Amadeus* (1984) mit Tom Hulce, F. Murray Abraham und Elizabeth Berridge°

Spiritualität (Spirituality)

Spiritualität erscheint in Zeiten von Kirchenaustritten und Religionskriegen eine überraschende Charakterstärke zu sein. Gemeint ist hier eine universelle, übergeordnete Art des Glaubens, die unabhängig von Gottheiten und rituellen Kulten ist. So gesehen ist es die universellste Charakterstärke, da es in jeder Kultur irgendeine Art des Glaubens an etwas Größeres und Übergeordnetes gibt, das bedeutsamer ist als man selbst. Schon die Formulierung „Nichts passiert aus reinem Zufall!" zeigt eben diese Überzeugung in weiten Kreisen der Gesellschaft.

Wer Spiritualität als Stärke hat, besitzt eine Vorstellung oder Ahnung von einem übergeordneten, größeren Sinn. Sein Handeln wird geleitet von den Ideen, Werten und Vorstellungen, die mit dieser höheren Kraft verbunden sind. Menschen, die Teil einer religiösen Gemeinschaft sind, verfolgen gemeinschaftliche Rituale, sie beten oder meditieren. Das sind Tätigkeiten, die verbinden und in schwierigen Zeiten Trost und Kraft spenden. Diese Personen können bisweilen sogar Schmerz oder Leid einen größeren Sinn abgewinnen.

Diejenigen, die keinerlei Sinn im Leben sehen, spüren in der Regel eine gewisse Leere. Nimmt die Spiritualität einen zu großen Raum ein, kann sie zu Fanatismus oder zu einem missionarischen Verhalten führen, bei dem versucht wird, jeden in seinem Umfeld von seinem persönlichen Glauben zu überzeugen.

Übungen für den Alltag:

- Verbringen Sie jeden Tag etwas Zeit mit einer Aktivität, die Sie mit einer höheren Kraft verbindet oder die Sie daran erinnert, wo Ihr Platz in einem größeren System sein könnte. Seien Sie sich Ihres Platzes bewusst.*
- Halten Sie im Alltag immer mal wieder inne, und konzentrieren Sie sich nur auf das, was Sie gerade hören, riechen, fühlen oder schmecken. Diese Art von Achtsamkeit öffnet den Sinn für das Größere.°
- Erforschen Sie eine grundsätzliche Bestimmung in Ihrem Leben und überprüfen Sie im Alltag, ob Sie sich so verhalten haben, dass Sie dieser Bestimmung nähergekommen sind.*

Warum ist diese Stärke wichtig?
Der Sinn des Lebens ist eine zentrale und wesentliche Frage, die die Menschheit seit Jahrtausenden beschäftigt. Viele Aspekte unseres Lebens sind auf einen bestimmten Sinn ausgerichtet, und es hat sich immer wieder gezeigt, dass uns allein die Vorstellung oder eine Ahnung, warum wir gewisse Dinge tun, stärkt und zufrieden macht.

Wie andere Sie wahrnehmen:
- Ausgeglichen, erfüllt, in sich ruhend

Filme zu dieser Charakterstärke:
- *What a bleep do we (k)now!? – Ich weiß, dass ich nichts weiß!* (2004) mit Marlee Matlin, Elaine Hendrix und Fred Alan Wolf*
- *Lola rennt* (1998) mit Franka Potente und Moritz Bleibtreu°

Charakterstärken: die ersten Schritte von der Analyse zur Anwendung 3

3.1 Signaturstärken

Ganz gleich, ob wir einen Test machen oder uns der Frage nach den eigenen Stärken auf anderem Weg nähern: Vor dem inneren Auge oder vielleicht sogar in schriftlicher Form werden sich sehr schnell eine Reihe der eigenen Charakterstärken herauskristallisieren. Sollten Sie sich noch nicht ganz sicher sein, dann überprüfen Sie die Stärken noch ein Mal gemeinsam mit Menschen, die Sie gut kennen. Oft wird das entstandene Bild dann noch einmal klarer.

Die ersten vier bis sieben Nennungen ihrer persönlichen Stärken, wie in Abb. 3.1 dargestellt, werden von Seligman und Peterson als „Signaturstärken" bezeichnet.[1] Diese Stärken unterstützen uns in unserem Wirken ganz besonders. Die positiven Auswirkungen machen sich bei den Signaturstärken intensiver bemerkbar. Sie sind jene Stärken, auf denen unser aktueller Fokus liegt. Deshalb können sich die Signaturstärken durch besondere Ereignisse oder wachsende Lebenserfahrung auch verändern.

Die Stärken lassen sich in ein zweidimensionales Modell einordnen. Die beiden Achsen beschreiben zum einen die Ebene zwischen Geist und Herz und zum anderen zwischen persönlichen und zwischenmenschlichen Aspekten. Unsere Stärken können entweder auf einen Quadranten konzentriert oder aber auf mehrere Quadranten verteilt sein. Die Verteilung der Stärken in diesem Modell gibt Aufschluss darüber, wo wir unseren Fokus haben.

---

[1] Sollten Sie mehrere Stärken mit dem gleichen Wert haben, werden die Stärken alphabetisch geordnet. Schauen Sie also auch auf die Werte, und prüfen Sie, ob die Reihenfolge an irgendeiner Stelle womöglich diesem Umstand geschuldet ist.

© Springer Fachmedien Wiesbaden GmbH 2017   45
T. Keller, *Persönliche Stärken entdecken und trainieren*, essentials,
DOI 10.1007/978-3-658-16287-0_3

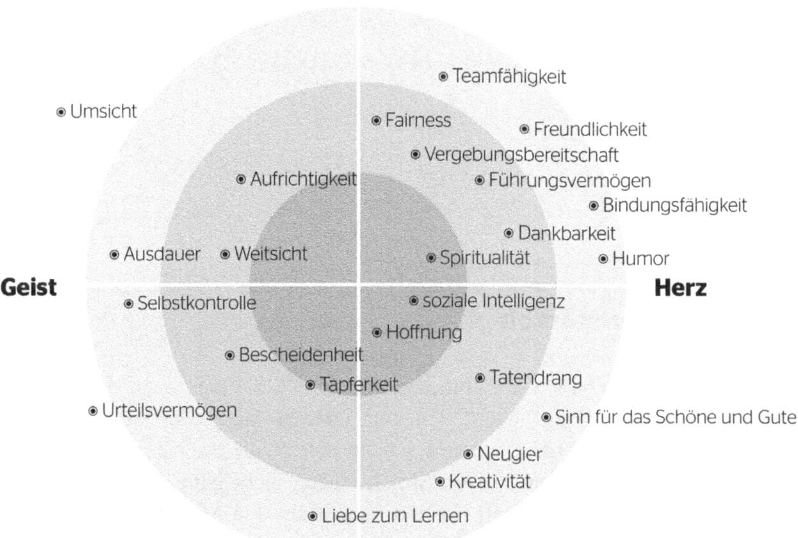

Abb. 3.1 Circumplex Modell der Charakterstärken. (Quelle: VIA Character Strength Institute).

Die Wahrnehmung unserer Stärken können wir noch auf unser Umfeld erweitern. Vor allem innerhalb einer Familie oder eines Teams ist es aufschlussreich, sich gemeinsam über Stärken auszutauschen. Wir können Menschen aus unserer Umgebung einladen, ebenfalls eine Stärkenanalyse vorzunehmen und dann beispielsweise in der Familie einen Stärkenstammbaum zu erstellen, ähnlich dem Familienstammbaum.

3.2   Anwendung der Signaturstärken

Nicht die bloße Erkennung, sondern die tägliche Anwendung unserer Stärken ist der wichtigste Faktor für eine hohe Lebenszufriedenheit. Die Stärken-Forschung hat herausgefunden, dass Hoffnung, Dankbarkeit, Enthusiasmus, Bindungsfähigkeit und Neugier jene Stärken sind, die besonders hoch mit der

Lebenszufriedenheit (Park et al. 2004) und auch mit der Arbeitszufriedenheit (Harzer 2012) korrelieren.

Damit wir zu unseren Stärken einen alltäglicheren Bezug bekommen, ist es hilfreich, erst einmal zu beobachten, wie häufig und in welcher Weise wir unsere Stärken nutzen. Die Abb. 3.2 hilft uns, mehr auf die Nutzung unserer Stärken zu achten. Sie funktioniert, wie ein „Stärkentagebuch", in dem im Laufe des Tages vermerkt wird, wann wir welche Stärke genutzt haben.

Die Auflistung trainiert uns, ein besseres Gefühl dafür zu bekommen, wann wir Stärken anwenden und vor allem, welche Einsatzmöglichkeiten dieser Stärken es gibt. So können wir schneller und variabler von unseren Stärken profitieren.

Falls Sie jedoch nach einem Test zu allererst ans hinterste Ende der Liste der Charakterstärken geschaut haben, um zu prüfen, was Sie vermeintlich nicht können: Sie sind in guter Gesellschaft. Fast alle, die ihr Testergebnis bekommen, verhalten sich so. Manchmal sind wir enttäuscht, wenn beispielsweise Humor oder Freundlichkeit ganz hinten stehen. Die Tatsache, dass diese Stärken dort stehen, bedeutet aber nicht automatisch, dass das unsere Schwächen sind. Es bedeutet lediglich, dass unser Fokus gerade woanders liegt. Und es kann gut sein, dass Sie, wenn die Umstände es erfordern, in einer spezifischen Situation eine Stärke aktivieren können, die gerade jetzt wichtig und hilfreich ist, auch wenn sie weiter hinten auf Ihrer Liste steht.

Und wenn Sie immer noch lieber auf Ihre Schwächen schauen wollen, um diese zu beheben, dann können Sie das gerne tun. Es ist nur viel anstrengender und zeitaufwendiger, als seine Stärken zu nutzen. Außerdem können wir viel besser mit unseren Schwächen umgehen, wenn wir unsere Stärken gut kennen.

Stärke:	Wann genutzt:	War es hilfreich?	Wie ging es mir dabei? (1-10)
1.			
2.			
3.			
4.			
5.			

Abb. 3.2 Stärkennutzung im Alltag

Also achten sich darauf, was Sie gut können, welche Stärken sie stark machen, welche Möglichkeiten sich noch auftun in Ihrem Leben, damit Sie die Stärken besser nutzen können und damit Sie mehr Selbstbewusstsein, bessere Leistungen und mehr Energie aufbauen. Schauen Sie nach Entwicklungpotenzialen, die Ihnen Ihre Stärken bieten, und gehen Sie spielerisch mit ihnen um. Finden Sie heraus, in welchen Kontexten welche Ihrer Stärken besonders hilfreich sind, und genießen Sie Ihre neue Wirksamkeit. Probieren Sie aus, welche Übungen Ihnen besonders Spaß machen und welche Stärken Sie besonders voranbringen.

Erst dann wird uns bewusst, was wir eigentlich können und wozu wir fähig sind. Erst dann können wir von den vielen Vorteilen eines stärkenorientierten Verhaltens profitieren.

Was Sie aus diesem *essential* mitnehmen können

- Seine Stärken zu nutzen, bringt Selbstbewusstsein, Erfolgserlebnisse und Energie.
- Das tägliche Nutzen unserer Stärken ist die wirksamste Methode, unser Wohlbefinden und unsere Leistungsfähigkeit zu steigern.
- Stärken können sowohl zu wenig als auch zu viel genutzt werden. Ziel ist es, das goldene Maß zu finden.
- Manche Schwäche ist, wenn wir genauer hinschauen, eine übertriebene Stärke.
- Unsere Schwächen lassen sich häufig gut in den Griff bekommen, indem wir mit unseren Stärken einen Ausgleich schaffen.
- Stärken sind kontextabhängig und können je nach Situation und Rolle unterschiedlich zur Geltung kommen.

© Springer Fachmedien Wiesbaden GmbH 2017
T. Keller, *Persönliche Stärken entdecken und trainieren,* essentials,
DOI 10.1007/978-3-658-16287-0

Literatur

Baumeister, Roy. 2012. *Die Macht der Disziplin – Wie wir unseren Willen trainieren können*. Frankfurt a. M.: Campus.

Biswas-Diener, Robert. 2010. *Practicing positive psychology coaching: Assessment, activities and strategies for success*. Hoboken: Wiley.

Biswas-Diener, Robert. 2012. *The courage quotient: How science can make you braver*. Hoboken: Wiley.

Biswas-Diener, R., J. Vitterso, und E. Diener. 2005. Most people are pretty happy, but there is cultural variation: The Inughuit, The Amish, and the Maasai. *Journal of Happiness Studies* 6:205–226. doi:10.1007/s10902-005-5683-8.

Buckingham, Marcus, und Donald O. Clifton. 2014. *Entdecken Sie Ihre Stärken jetzt!: Das Gallup-Prinzip für individuelle Entwicklung und erfolgreiche Führung*. Frankfurt a. M.: Campus.

Csikszentmihalyi, Mihaly. 2015. *Flow: Das Geheimnis des Glücks*. Stuttgart: Klett Kotta.

Emmons, Robert. 2015. *Thanks – how practicing gratitude can make you happier*. New York: First Huffington Mifflin.

Fredrickson, Barbara. 2011. *Die Macht der guten Gefühle – Wie eine positive Haltung Ihr Leben dauerhaft verändert*. Frankfurt a. M.: Campus.

Harzer, Claudia. 2012. Positive psychology at work: The role of character strengths for positive behavior and positive experiences at the workplace. Dissertation an der Universität Zürich.

Harzer, Claudia, und Wilibald Ruch. 2012. When the job is a calling: The role of applying one's signature strengths at work. *Journal of Positive Psychology* 7:362–371.

Kashdan, Todd. 2009. *Curious – discover the missing ingredient to a fulfilling life*. New York: Harper.

Keller, Teresa. 2016. *Einfach ich selbst sein dürfen – Bessere Beziehungen zu sich und anderen durch positive Psychologie*. München: Scorpio Verlag.

Linley, Alex. 2008. *Average to A+ – realising strengths in yourself and others*. Coventry: CAPP Press.

Rath, Tom. 2015. Interview mit Tom Rath, geführt von Margaret Greenberg. In *Character strengths matter: How to live a full life (positive psychology news)*, Hrsg. Shannon Polly und Kathryn Britton, 101–106.

© Springer Fachmedien Wiesbaden GmbH 2017

51

T. Keller, *Persönliche Stärken entdecken und trainieren*, essentials,
DOI 10.1007/978-3-658-16287-0

Neff, Krsitin. 2012. *Selbstmitgefühl, Wie wir uns mit unseren Schwächen versöhnen und uns selbst der beste Freund werden.* München: Kailash.

Niemiec, Ryan. 2014. *Mindfulness and character strength.* Boston: Hogref.

Niemiec, R., und D. Wedding. 2014. *Positive psychology at the movies 2.* Boston: Hogref.

Park, N., C. Peterson, und M. E. P. Seligman. 2004. Strengths of character and Well–Being. *Journal of Social and Clinical Psychology* 23 (5): 603–619.

Park, N., C. Peterson, und M.E.P. Seligman. 2006. Character strengths in fifty-four nations and the fifty US states. *Journal of Positive Psychology* 1:118–129. doi:10.1080/17439760600619567.

Peterson, Christopher, und Martin Seligman. 2004. *Character strength and virtous: A handbook and classification.* New York: Oxford Press.

Rashid, Tayyab. 2005. 340 ways to use VIA character strengths by Tayyab Rashid & Afroze Anjum. http://www.actionforhappiness.org/media/52486/340_ways_to_use_character_strengths.pdf. Zugegriffen: 23. Juni 2016.